超级个体

个体崛起时代的财富方法论

肖逸群◎著

人民日报出版社

北 京

图书在版编目（ＣＩＰ）数据

超级个体 / 肖逸群著. -- 北京：人民日报出版社，
2022.12

ISBN 978-7-5115-7684-2

Ⅰ.①超… Ⅱ.①肖… Ⅲ.①网络营销—基本知识
Ⅳ.①F713.365.2

中国版本图书馆CIP数据核字(2022)第254136号

书　　　名：**超级个体**
　　　　　　CHAOJI GETI

作　　　者：肖逸群

出 版 人：刘华新
责任编辑：袁兆英
封面设计：异一设计

出版发行：人民日报出版社
社　　　址：北京金台西路2号
邮政编码：100733
发行热线：（010）65369509　65369527　65369846　65369528
邮购热线：（010）65369530　65363527
编辑热线：（010）65363251
网　　　址：www.peopledailypress.com
经　　　销：新华书店
印　　　刷：鸿博睿特（天津）印刷科技有限公司
法律顾问：北京科宇律师事务所 010-83622312

开　　　本：710mm×1000mm　1/16
字　　　数：268千字
印　　　张：17.75
版次印次：2022年12月第1版　　2022年12月第1次印刷

书　　　号：ISBN 978-7-5115-7684-2
定　　　价：59.00元

前 言

公司 600 人年入 6 亿后，
我为什么选择做 15 人团队超级个体

我是肖逸群，星辰教育的创始人，一名连续创业者。

在创业过程中，我取得了不少成绩，也拿到了一些荣誉：

26岁，我拿到经纬中国和腾讯双百的3300万融资；

用了7年时间，我从一开始只有300位微信好友，做到现在拥有3000万"私域资产"，单日最高私域涨粉15万；

创立子品牌"轻课""潘多拉英语""极光单词""趣课多"；

创立的公司"星辰教育"被新华网评为"2019年度品牌影响力在线教育机构"，被央视网评为"2020年度影响力在线教育品牌"；

2020年在私域一年变现超过6亿。

这些年最让我有成就感的，不是上面这些荣誉，也不是公司做得有多大，而是在创业过程中的那段跌宕起伏的经历。尽管在事业上数次濒临破产，但在三次关键时刻的重要决策上，我做对了。

第一个做对的大决策，就是在创业之初，不做App，而主攻微信生态，也就是后面广为人知的私域。

第二个做对的大决策，就是在移动互联网最热潮时，敢于试错：多找合伙人，多拿融资，多做项目，让我在20多岁的时候，就做到了近600人的全职团队，从在线教育领域拿到了大结果。

第三个做对的大决策，就是在2020年急流勇退。那年，我把公司发展目标，从追求上市的独角兽，变成做小而美的超级个体。

这是我现在复盘，到目前为止的整个创业历程，做对的三大关键决策。

现在，我的公司存活了8年，持续度过几轮创业周期后，可以在不到20名全职人员的环境下，创造数千万的年收入。

我坚信，在未来，公司可以继续存活，并且健康发展。

"创始人IP""小而美团队""高利润"，是圈子里对IP创业高手——"**超级个体**"的通用定义。一切的底层逻辑，就是本书所总结的方法论，我称之为——**超级个体独孤九剑**。

我写书有个习惯，就是只写自己拿到过结果的方法论。超级个体独孤九剑，就是我自己在本次创业过程中，亲身实践、打磨和总结的超级个体方法论。

在介绍本书方法论之前，我强烈建议你花10分钟看完前言，以便深入了解私域肖厂长——一名持续在一线实战的连续创业者，过去几年所经历的创业故事以及心路历程。

我的创业经历总体说来分为三个阶段。

01　创业第一阶段：白手起家，舍命狂奔

我是一名连续创业者。

如果对我2014年至今的创业史做一个三段式的总结，那么第一阶段的关键词就是——白手起家，舍命狂奔。

2014年，我还是一名刚刚工作了两年的体制内小职员。

离职后，我和团队从2015年开始，利用当年抓住的微信私域流量红利，7年内从300个微信好友发展到3000万"私域资产"。

公司团队的发展历程

我们的公司名是"星辰教育"，旗下有很多子品牌和产品：轻课、趣课多、极光单词、潘多拉英语、清新冥想等。

2020年，我们的公司有近600名员工，内部有10多条业务线，一年变现6个亿。

公司做过的部分项目及**App**

大家可能在朋友圈看到过，朋友打卡"我在××英语学习了100天，今日学习20分钟"这样的晒"学英语"链接；也可能在公众号、抖音、B站刷到过我们投放的英语以及其他职业教育课程广告，这些都是我们旗下英语学习产品的痕迹。

靠着创业做出的成绩，我26岁拿到了"福布斯30岁以下精英榜"的头衔，多次被评为"胡润30×30创业领袖"，同时受到各种行业顶级圈子的邀请。

公司规模最大时，一个月流水接近1个亿，光发工资就得1000多万元，这还不是大头，每个月我们要消耗几千万的广告投放费用。在这样的规模下，我们拿到了知名投资机构数亿美金估值的投资意向书。

把公司做到这个规模，我从零开始，一共走了4个阶段。关于这部分，我写过一篇8000字的文章。篇幅原因，我就不在这里做展开了。扫下方二维码，进入我的公众号"私域肖厂长"，发送关键词【8000】，我把记录了我白手起家的一份PDF发给你。

就这样，我带领团队，一路舍命狂奔好几年：

每年公司的营收都保持三五倍的增长；

每次开中层会议，我都会给大家描绘未来公司上市的场景；

每次看到估值高的项目，我都会想要自己也做这样的项目；

每次看到优秀的人，我都会不遗余力地把对方挖过来，让他做营收、做估值……

可是，就在2020年年初，我却一反常态，在公司一路高歌猛进时踩下刹车。

02　创业第二阶段：猛踩刹车，降低风险

从2020年到2021年年底两年时间，我把公司90%不赚钱的项目砍掉了，公司员工也从600人减少到60人。

你可能好奇，为什么我要在公司发展最快、规模最大时，选择急流勇退，把公司做小？

我用一句话来总结：**猛踩刹车，降低风险。**

2019年之前，为了冲营收、上规模，我把公司流水做得很大，把从**微信私域赚的钱，全都拿来投入做新项目，不顾一切选择"战略亏损"。**

铺得最大的时候，公司大概有十几个项目同时跑着，为了开发的敏捷性，公司有7个独立的技术团队，仅技术人员就有将近100人。

随之增加的管理成本、人员成本、房租成本、服务器成本等固定开支，**让我们抗风险的能力变得极弱。**

评估公司的抗风险能力有一点极其重要——**极限生存期。**

极限生存期=账上净现金÷每个月固定成本开销。

通俗来讲就是：**如果市场环境突然发生变化导致公司没有进账，公司还能存活多久？**

开过公司的老板和没开过公司的新手创业者，对它的理解截然不同。对轻资产的互联网公司而言，很多时候净现金都远小于账上现金，因为每家企业都有负债，且有些款项必须刚性支付，比如待缴纳税费、供应商垫付、每个月服务器成本等。

一家账上1亿元现金的公司，真正能够动用的净现金可能只有三四千万元。大家可以猜猜中国的中小企业极限生存期一般是多久——只有极少数公司能够超过24个月，少数公司能够超过12个月，大部分公司都坚持不了6个月。这是每家公司最核心的数据，一般只有老板、董事会成员等最核心的几个人才有权限知晓。

如果一家公司的极限生存期不到6个月，那是非常危险的。

因为如果你要优化员工，要走N+1赔偿；房租毁约，很多租房合同都约定了定金要全部扣除，更要支付违约金；业务收入停止了，但服务器费用还要继续支付几年。

面对一些规模很大的公司，我们会惊叹于它们表面的高额营收、会员数、员工数、线下门店数。但它的规模越大，固定开支越多，**它的极限生存期比起小而美的公司要低很多。这种公司只是看起来很好，其真实的抗风险能力往往很差。**

以前，我没有这种抗风险意识，只有激进的扩张策略，每天都想着怎么做规模、怎么涨估值、怎么冲击上市，就这样先给自己洗脑，再给合伙人和员工做思想工作："业务在不断涨，公司要不断扩张，现在公司有400人了，年底要到1000人。今年的年会，我们直接包个体育场吧！"

直到一年多前的一个深夜，新来的财务总监在加班算完数据后告诉我："**公司的极限生存期很危险，再这么下去，公司就要完了。**"听到真实的净现金以及生存期数字后，**我震惊不已。**

意识到事态的严重，我陷入了深刻的自责和反思。

以前的我，只顾收入不断增长，每月都立下营收上涨10%的目标。但没有思考过什么是"健康可持续"的增长。

以前的我，只顾不断扩张人员，每个月都要给几十位新员工培训，但很少思考过，人招来后，人均产出的利润是否会增加？

以前的我，只顾项目不断扩张，总觉得每个机会都不能错过。很少思考自己的精力是否顾得过来，公司在这个机会点到底有没有优势？

我为此失眠了整整一个星期，每天都在掉头发，不停咳嗽。那个星期，

公司每天还在不断进新人，我白天依然不断开会，不断给员工做思想工作；而夜深人静时，我则躺在床上，内心无比纠结：**究竟是进行一场豪赌，把账上的钱全部投入新业务，继续扩张，博下一轮融资或者博一把上市，哪怕英勇地死去？还是回归商业本质，趁还来得及，赶紧收手，真实地活着？**

这是决定我人生轨迹的一个重要选择，而我，选择了后者。

做出决定后，我把公司目标从"每年营收翻倍"，改成"活下去，活50年"。

为了实现新目标，恢复稳健经营，我做了三个举措：**第一，精简项目；第二，精简人员；第三，盘活公司私域流量。**

第一条和第三条其实很好操作，把所有不挣钱的项目砍掉，将自己的精力从做新项目放到盘活私域流量上。

但在进行第二条精简人员时，做员工优化谈话是我最痛苦的时刻。

虽然这让我很难开口，虽然我还是一如既往地失眠，但我还是怀着难以言表的歉意，把这些追随我、信任我，甚至是我花了一年时间才挖来的核心骨干，逐一叫到办公室，宣布项目终止。公司从近600人减员到60人，我们也为此支付了数千万元的补偿金。

这些补偿金既是责任，也是给一心想疯狂扩张的我一个痛心的教训。在这里，向因为我战略冒进而不能一起继续奋斗的小伙伴道歉。

通过这三个举措，加上过往积累的私域带来稳健持续的变现，**公司几个月就迅速回流了大笔现金，我们的业务涅槃重生，再次回归健康运转的轨道。**

就这样，我们后来遭遇教育行业众所周知的环境大变化，经历了各种"黑天鹅"事件，依然抵抗住了风险，保持稳健经营的状态。

看过太多当年红极一时、不可一世的创业者，在断掉融资或遭遇环境巨变后陨落，跑路的跑路，破产的破产。我意识到：**浪潮换了，时代变了。**

百亿估值"独角兽"，强者恒强时代已不在；年入千万超级个体，才是普通人创业的趋势。

03　创业第三阶段：回归本质，恒心恒产

对创业者，特别是非科技行业而言，创业环境已经今非昔比。

这两年，我跟很多早期投资人聊天，他们都明确表示，新消费这一波创业浪潮过后，只看科技和2B会成为创业新趋势。为什么？因为2C的大机会几乎没有了。现在再做，都难做大。

最好的选择，就是去做小而美的超级个体。这也是我在2021年更名"私域肖厂长"，开启IP创业做超级个体的原因——顺势而为。

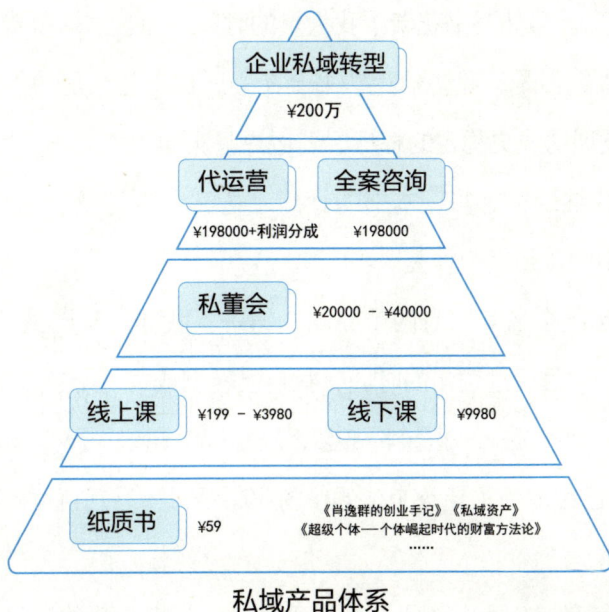

```
                    ┌─────────────┐
                    │  企业私域转型  │
                    └─────────────┘
                        ¥200万

              ┌────────┐   ┌────────┐
              │  代运营  │   │  全案咨询 │
              └────────┘   └────────┘
          ¥198000+利润分成    ¥198000

          ┌──────────┐
          │   私董会   │  ¥20000 - ¥40000
          └──────────┘

     ┌────────┐              ┌────────┐
     │  线上课  │ ¥199 - ¥3980 │  线下课  │ ¥9980
     └────────┘              └────────┘

 ┌────────┐    《肖逸群的创业手记》《私域资产》
 │  纸质书  │ ¥59 《超级个体——个体崛起时代的财富方法论》
 └────────┘    ……
```

私域产品体系

浮躁的创业泡沫已经褪去，顺应时代趋势，顺应当下创业趋势，才是王道。因为，我们都是时代的产物。

所以，当我以超级个体为目标，再次启航开始创业，我给自己定了8个字的底层价值观：**回归本质，恒心恒产**——回归商业本质，不再追求虚无缥缈的估值和营收，而是思考如何构建长期有壁垒的商业模式；同时，坚信有恒心者有恒产，对未来越有信心，对当下越有耐心。

从2021年更名，并定位在私域领域后，我推出了我的产品体系：私域创富圈、创始人私域资产线下大课、恒星私董会、IP全案代运营等。

靠着这些产品，**我带着10多个人的IP团队，第一年就做了上百万粉丝，引流十万精准创始人私域，创造了上千万的收入，达到了非常可观的利润率。**

除此之外，我还写了两本书，第一本是《肖逸群的创业手记》，第二本是《私域资产》。虽然写书花费了我大量的时间，而且书籍稿费并不能带来太多短期收入，但是，我坚信这些书会在之后10年甚至是20年中，给我的创始人IP的发展铸成更稳定的杠杆、建造更坚实的壁垒。

所以，我继续一年写一本书的计划，花三个多月写了我的第三本书，也就是您手中的《超级个体》。

之所以起这个名字，有两个原因：第一，我非常认同做"超级个体"的创业思路，并且经过两年的时间，我自己转型成为一个超级个体；第二，我现在做的一款产品——恒星私董会，就是一个超级个体聚集的圈子，里面有100多位已经成为了超级个体的IP创业高手，还有几百位想要成为超级个体的创业者。

在本书案例部分中出现的各个超级个体，都来自我的恒星私董会，这是我发起和运营的，一个超级个体相互认识、相互学习、相互借势的圈子，以便加入的创业者能更好、更快地拿到结果。在得知我要出这本书后，我的私董们纷纷来给我站台，分享自身的案例故事和经验方法论，还贡献自己的独门秘籍，给本书的所有读者。

04　通往超级个体之路，并不一帆风顺

在进行IP创业咨询的过程中，我发现大部分创业者要成为超级个体，走了不少弯路。

正如我自己，在做IP这两年也在不少问题上犯过错：

始终不愿意站在台前，不敢开直播；

只顾着做流量，拍剧情号，不思考商业模式；

不懂做定位，分析不清哪条赛道容易变现；

一上来就做太多产品，导致分身乏术；

不懂挖掘需求，只顾介绍产品；

不会平衡交付和获客，交付过重但没有新客……

我曾经用两个月时间做剧情号，招了6个人的全职团队，花了30万元，我出演霸道总裁，也收获了数千万播放量。但这种流量并不能很好地变现，最后白白浪费时间和金钱。

在我身上，有很多类似的事件发生，每次犯错，都是用几十万甚至是上百万的成本来买单，更加不可挽回的是：经历了3个月到半年的迷茫期，这些时间都浪费了。

我信奉科学创业。我发现超级个体的成功都是相似的，可以总结成方

法论。在跟数百名私董做一对一咨询后，我结合自身做IP的经历，结合观察到那些成功的超级个体的经验，原创了这套IP创业的方法论——**超级个体独孤九剑**。

我把如何做超级个体IP创业，总结成了4个大篇章，9个步骤，结合金庸武侠小说"独孤九剑"这个绝招，起了一个新名字。

4个大篇章分别是：定位、产品与团队、流量与变现、壁垒。这也是我帮私董做一对一咨询，梳理对方商业模式的4个模块。本书也有大量的案例，来自我的恒星私董会，以及我身边拿到结果的超级个体高手。

感谢在IP创业路上，每一位帮助和支持过我的小伙伴；感谢我的团队：何婷婷、释圣仁、谭泽兴、袁苏芳、李子豪、何子轩帮我编辑和整理本书的案例；感谢我的私董鸟叔，支持我一起推进本书的策划、出版工作，并且给出大量切实可用的建议；感谢我的私董，陈柏龄和他的团队小伙伴，深度参与本书的内容编辑工作；也感谢每一位跟我做一对一咨询的私董，跟你们聊天，我也相当于读了一次浓缩商学院。

最后，感谢读到这里的你。当你选择了本书，并且读完前言，你就已经打败了95%的普通人。

我相信，两年的IP创业，500名私董的案例故事，累计几个月的潜心创作，一定让你接下来的两小时阅读收获满满。**我更相信，看完本书，你所付出的时间，一定会让你有远超预期的收获。**

肖厂长

2022年10月5日

第1篇 定　位

目录

第2篇
产品与团队

第 **3** 篇
流量与变现

▶ 第八剑：一节"印钞机"般的公开课

第4篇

壁　垒

▶ 第九剑：一帮全力支持的证言团

导 论

"超级个体独孤九剑"，
年入千万超级个体的方法论

什么是IP创业？

什么是超级个体？

有哪些超级个体的案例？

我是否适合个人IP创业？

个人IP有哪五个阶段？

如何成为年入千万的超级个体？

01 什么是IP创业？它有哪些特点

"个人IP""个人品牌""IP创业""创始人IP""短视频IP""私域IP""电商IP""知识付费IP"等都是这两年创业圈最火的热词，如果你一个都没听说过，那么，你一定要好好反思一下——为什么没进入到这个挣钱的圈子。

在厂长的定义中，公司一年的利润超千万就算是一个超级个体。我们先来看看顶流IP的案例，厂长按照业内预估年收入，把顶流IP分为三档：

十亿量级的超级顶流IP：罗永浩、樊登等；

亿量级的超级IP：刘媛媛、大蓝、海参等；

千万量级的大IP：蒋晖、刘思毅、亦仁、S叔Spenser、刘润、辰薇、米课老华、豪车毒老纪、薛辉小清新等。

我们举的这三档都是年入千万以上的超级个体，在厂长的定义中，公司一年的收入超千万元，满足这三大条件：创始人IP、团队小、利润率高，就算是一个超级个体。

在厂长的恒星私董会里，有很多年入几百万的IP，他们的商业模式都属于个人IP创业。"个人IP创业"可定义为：**基于强烈的个人特色，特别是老板的独特个人行为、个人色彩、个人魅力，而产生的商业模式。**

从本书立项到真正着手创作历时一年，其间我连麦访谈了上百位恒星私董会的私董，在跟大量成功的IP创业者聊完后，我总结了个人IP创业的几个特点。

一、强依赖个人IP，特别是创始人IP

这类IP具备很强的内容获客能力。不管是直播、短视频、写书还是线下演讲，都有自己独特的内容风格。一旦IP离开或者IP本身存在风险，公司的商业模式就会在顷刻间崩塌，收入也会随之暴跌。因为这类IP是不可替代的，是稀缺核心资源，所以大多数IP都是老板本人或是核心大股东，IP的个人收入至少要占公司利润的50%以上，才能保持长期稳定。

厂长的团队从2018年开始，就孵化了一些员工作为IP，开短视频直播账号，但大部分都没做起来，即使是做起来的极少数，最后也无一例外全都离开公司，自己去创业了，一些你认识的知识付费的头部大V，很多都来自厂长的团队。

一开始我很心痛，但后来我表示非常理解。所以，当有私董问我能不能孵化员工IP时，我都会把我的经历讲一遍，并强烈建议对方做老板IP，因为创始人才是唯一不会离开公司的人。

二、公司小，利润高

刘媛媛是我的本科同级同学，根据公开数据显示，她的团队一场带货直播收入可达数千万元，GMV（总交易额）乘以标准的佣金比例计算可得，她的团队一天收益可达上百万。更让人难以置信的是，她们公司只有几十位员工。我的私董会成员，500万粉丝知识博主"大蓝"和"银河商学"的操盘手，他们的公司也不过小几十位员工，但是公司整体利润却非常高。

中国A股上市公司的标准之一，就是过去3年累计的净利润超过3000万元，而作为一名超级个体的IP创业团队，可能一年的净利润就可以超过3000万元。

三、不值钱，但非常赚钱

吴晓波频道曾经准备以15亿的对价被上市公司全通教育收购，最终收购被深交所质疑，导致交易流产。"得到"App从2020年9月开始，7次提交招股说明书，但上市计划仍然以失败告终。

那么IP创业的模式为什么不是值钱的商业模式?

因为商业模式过度依赖IP的持续工作，但IP是普通人，存在各种风险——一旦IP本人身体出现问题或者出了意外，可能就会影响公司业绩，导致万千股民血本无归。

如果一个商业模式依赖任何个体，那就不是一个值钱的商业模式，因为价值不稳定、不确定。当然，尽管IP创业这种模式下的企业不值钱，但真的非常赚钱，而且前期的启动成本极低，一个人、一台电脑、一部手机就可以完成创业了。

接下来，厂长分享一些价值百万的深度思考：

1.为什么个人IP是小而美创业的撒手锏？

2.如何判断自己是否适合做IP创业，应该做哪个方向？

3.个人IP五个阶段英雄之旅，你在哪个阶段？

这些问题的答案，就是向你讲述怎么落地实操、上手IP创业。这几个问题是本书的核心方法论，也是我总结的IP创业绝招。

一、个人IP创业是小而美创业的撒手锏

在我的方法论体系中，有一个非常核心的"创业七步法"，我把移动互联网下半场，以利润为导向且不融资的创业方式分为7个步骤：

1.创模式；

2.搭团队；

3.上产品；

4.搞流量；

5.促成交；

6.控风险；

7.建私域。

创业是九死一生的游戏，是淘汰赛、肉搏战，"一将功成万骨枯"。

以上7个步骤缺一不可，对于一次长期创业来说，不是其中某一项做好就够的，而是每一项都要做对。任何一个步骤出问题，或者做得不够好，都会造成创业失败。

在上面7个步骤中，最关键的**两个步骤分别是：搞流量和促成交**。它们**在创业全局中起着决定性的作用**。

高质量的IP创作内容，可以利用低成本吸引大流量，这是每个创业者竭力追求的。刘媛媛、大蓝的抖音，都是几万、几十万的点赞，对应几百万甚至上千万的播放，而一个视频的创作成本可能就只有半天时间。这样的播放量如果花钱去买流量，相当于每天都要花10万到20万元。

而对于一个优秀的内容创作者来说，**这些流量都是可以通过创作内容质量和创作持续能力免费置换的**。

同时，在转化这一方面，IP还能做到两点。

第一点是**批量转化**。

写文章、做直播、发朋友圈都可以实现批量转化，目前转化效率最高的就是直播间。所以，那些超级个体很多都是每天开播五六个小时的疯子。

第二点是**高单价转化**。

有势能的IP，可以快速建立信任。几千块钱的录播课，几万块的线下课、私董会，几十万的私教和孵化，因为IP的势能和知名度建立的信任，无需一对一销售，直接转化，甚至在直播间就能实现高单价转化。

对于这两点，豪车毒老纪有个金句："如果要见面成交一个客户，那就**是一种耻辱**。"

当一个IP拥有内容获客能力并且具备直播转化体质，那他就是打通了任督二脉的绝顶高手，能以一敌百，成为超级个体。

除了流量和转化这块，IP创业在**搭团队、上产品和建私域**这三方面，也会带来很大的优势。

团队这个步骤很好理解。一个好的公司创始人，可以提高公司知名度，从而找到很优质的人才，组成能力强的团队。团队能力对创业成功很重要，这一点我在做IP之后深有体会：我想招什么人才，发一条朋友圈就能来几百份简历，而且都是非常认可我们公司的那种候选人。

产品这个步骤，有IP就能赋予这个产品更高的溢价，尤其是知识付费产品。一些课程，没有IP的加持，只能卖99元，而且很难卖；但是如果有IP加持，那么就能卖更高的价格。

一个微信群收费几万元，普通人很难想象会有几百个人蜂拥而至，但如果这个群的发起人是一个IP，那就不一样——大家会为了IP的势能以及这个圈层，加入这个微信群。我们恒星私董会，就是这样一个高势能圈层。

最后，在**搭建私域**这个步骤中，因为IP的存在，可以大幅度提升私域的引流比率以及用户活跃度：发一条朋友圈，如果是IP本人的人设，会获得很多点赞；但如果是品牌或者助理人设，发得多了很有可能会被拉黑。

毕竟，世界上有一种骄傲，叫：我认识他们老板，我有他们老板的微信。

看到这里，你一定明白IP创业为什么是小而美创业、利润导向创业的撒手锏了。

我们以纯理科思维换算一下，假设搞流量和促成交，IP可以提升300%的成功率，团队、产品和私域3个步骤分别可以提升50%成功率，那么5个环节综合下来，就可以提升3000%也就是30倍成功率。

所以，肖厂长可以转型IP创业，并快速取得成果。同时，在我的恒星私董会，我也看到很多操盘手、投资人，以及再次踏上创业历程的创业者，他们都在转型做IP创业，目标是成为超级个体。

现在的短视频、直播技术和算法都非常强大，进一步放大了个人IP的能力，如此低成本、高回报的创业方式，一定会成为普通人未来创业的最优选择。

二、如何判断自己是否适合IP创业，应该选择哪个方向

IP创业的核心角色分为IP、操盘手两种。

IP是站在台前影响用户、客户、消费者的角色。IP最重要的工作就是做内容，短视频、图文、朋友圈、直播，这些都是内容的载体，一个典型的IP要花50%以上甚至80%以上的时间在内容创作方面。

操盘手是在幕后辅助IP，帮IP思考并操作商业化，做运营、服务以及所有的琐事、杂事的管理者。直播运营、选品初筛、商务合作、产品售后等都是操盘手带团队来做。

有一点需要说明，操盘手虽然做的事情很杂，但对于IP创业来说是不可或缺的。一个再厉害的IP，如果操盘手不得力，也不可能做起来，即使侥幸做起来了，后面也会失败。

厂长既做过操盘手，也做过IP。做操盘手的时候，我合作过很多国内顶流英语老师、奇葩说辩手以及线下会销大咖，帮他们在公域获客、私域转化、引导线下，最高的一年做到了6亿元流水。

做操盘手的这几年，我见过的IP不下200个，合作过的IP老师不下50个，对于如何筛选优质IP，我有一套自己总结的方法论，只要按照这个方法论去做，筛选的IP是大概率可以成功的。所以，对标这个方法论，你可以看看自己是否适合做IP。

后来，厂长从幕后站到了台前，开始做创始人IP。

说实话，极其辛苦，一开始的转型也很不适应，因为操盘手和IP的能力模型是不一样的。但是，我坚持下来了，而且不管是自身能力、社交圈，

还是经济上的回报，收获都很大。第一年，15个人的IP项目组达到1400万元变现，而且利润很高。

接下来，我分享的三个模型分别对应三招，对于想要做IP创业的人来说，用这三招来分析和做决策至关重要。

模型一：优质IP三要素

1.有故事

这一条就淘汰了90%的玩家，因为大部分人都没有值得讲出来、拿得出手的故事。这也是为什么创始人、创业者往往比普通人做IP更有优势。比如，厂长经常讲自己的故事线：创业11次，做了6年操盘手，2年创始人IP，从300好友起步，7年做到3000万私域。为了这简单的两句话，我奋斗了7年时间，这是真实的经历，且实实在在拿到了结果。

如果一个IP的故事是虚构的，那么它做大之后，一定会崩盘。

很多人想做IP，但是没有故事，怎么办？我经常说，做IP是恒心者恒产，如果你没有故事，那么就从现在开始累积你的故事，不管是人生的至暗时刻，还是关键转折、高光时刻，都可以记录下来。

我曾经跟一个月入百万的心理学IP"简曼心理"连麦，她讲她变成心理学IP的经历，就是从自己创业失败开始的。当时她的项目失败、破产，她被团队指着鼻子骂，因此抑郁了很久。为了让自己解脱，她自学心理学，每天写3000字的心理学思考，写了一年，公众号涨了很多粉丝，被"伯乐"发现，签约喜马拉雅等课程平台，最后，她抓住当时的红利一飞冲天。

因此，我每见到一位要签约的IP，都会跟对方聊他的人生故事，从而判断对方是否有料，能否通过故事来影响人、打动人。

真正能够打动人心的是故事，而不是干货。

2.爱创作

IP是什么，什么造就IP？是内容。那内容是什么？是金句，是畅销书，是爆文，是爆款视频，是火遍全网的演讲，而这些内容都源于IP的一个重要习惯——爱创作。

创作的形式多种多样，不论说或写，都是创作。现在最主流的六种创作形式有：短图文、短视频、长图文、长视频、直播、线下演讲。

有些人擅长说，比如刘媛媛、罗振宇、樊登，那么他们在拍短视频、直播以及演讲上会很有优势；有些人擅长写，比如刘润、李笑来、老喻，他们通过写朋友圈、写公众号、写书同样能做成顶流IP。厂长属于后者。

"爱创作"中最为重要的一个字是"爱"，也就是"分享欲"。心中要有想记录、表达、输出的欲望。这种欲望是发自内心的热爱，不管怎样就是喜欢分享和创作；它也可以来自目标感，实现了某个目标或成就；或者来自正反馈，越来越喜欢创作。这就是干一行爱一行。

如果你是以上两类人，那么你很适合做IP。但如果你是爱一行，才干一行，而你爱的恰恰又不是创作、分享，那么，你可能不太适合做IP。

3.会共情

具备前两种能力的是内容高手，而具备第三种能力的是内容大师。

共情是内容的流量密码，也是直播间的转化密码。一个视频带有情绪，可以轻松破百万点赞；一个直播间带有情绪，轻轻松松销量暴增。我们经常看到成功学的会销线下，学员痛哭流涕，给导师下跪，其实也是因为导师具备极强的共情能力。

厂长接触很多顶流IP，发现很多IP都受过心灵的创伤，经历过非常低落的阶段，比如亲人离去、爱人抛弃、经历生死病痛这样的人生低谷。他们能够在舞台上、直播间、摄像头前，随时调取当时的情感，把自己代入至暗时刻，引发强大的表达欲，描述出当时无助、不安、伤心、气馁等至暗画面，从而引发听众极强的共鸣，并产生强大的感召力，让听众完成停留和下单等动作。

我曾经跟一位讲师在一个创始人IP班做同学，她是一位讲述女性成长的讲师，每次分享的时候，她都会提起自己的童年并瞬间泪奔，谈起她母亲的不容易，描述母亲被她爸家暴、殴打的场景，以及说明为什么这些痛苦的回忆会让她开始做相关的事业。在场的人都被她深深影响，认同她做这件事的初心和动机。

这就是共情能力，这是一项很难训练的能力——没有自己的至暗亲身经历，没有足够广泛和深沉的社会阅历，很难练出来。

但有的时候，IP会被情绪吞噬，很容易失态或者说错话。真正顶流的IP会寻找到"高度控制下的失控"，让自己情绪瞬间迸发，看起来没有控制住自己的情绪，实则完全在自己的掌控当中。

当然，如果你不太擅长共情，但是拥有前两点，也可以做一个IP，只不过第三点——能共情，才会让你成为一个顶流IP。

模型二：优质操盘手三要素

1.懂商业

这是一个基本的要求。IP可以不懂商业，但是操盘手一定要懂商业。

做IP就是一次你死我活的创业，要打败对手、养活团队、赢取客户，那么商业模式、战略定位、产品设计、人群需求等，都是基本知识。

但想真正懂商业，还需要自己在商场中真实地摸爬滚打，甚至不断犯错、踩坑，这样你才会有商业的真实体感。

2.会管理

不管是全职人员、实习生还是兼职团队，IP创业一定需要团队协作，而管理团队这项职能，需要操盘手来帮IP分担。踏上正轨的IP，需要时刻保持创作的状态，如果管理占据了IP很多精力，就不可能做好内容。

关于如何管理团队，厂长也有系统的方法论，从选人、用人、育人、留人到走人，整个管理的大闭环。

篇幅原因，这里给大家一个判断各行各业管理者的管理能力的分类标准：一流的管理者建过好体系，"建"是指从零到一，建设过一支团队；二流的管理者见过好体系，"见"是见识的"见"，曾经在一个IP创业团队，看别人或自己的领导做过；三流的管理者野生纯天然，没做过管理，没有经历过，看书看得再多，还是差点儿意思。

3.很理性

这里的理性体现在两个层面：首先是尊重数据，能够从数据的反馈中，找到真正准确的变化，从而对客观事物产生更加真实的判断；其次是懂得拆解，能够看透数据变化背后的本质，从不同角度来分析问题，而不被表面现象蒙蔽。

如何看一个操盘手是否理性？就是不停地问"你怎么看×的崛起""怎么看×的衰落"，"×"可以是行业的知名品牌，也可以是你跟他都知道的对手。

一个理性的人，时刻都在做着理性的拆解和分析。遇到这种问题一定能脱口而出，不仅有论点，还有论据，数字、分类、角度都极其精准，能够分析得头头是道，这种就是典型的操盘手思维。

做IP的创业者，遇到三项都具备的操盘手一定不要放过。

模型三：IP创业的定位三要素

1.喜欢

喜欢亦热爱。热爱一件事情，才会"想做"。不管是爱一行干一行，还是干一行爱一行。因为喜欢，才会有分享欲、表达欲，才会有长期坚持的动力。爱一行干一行会分泌多巴胺，干一行爱一行会分泌内啡肽。这两种激素，都会刺激IP持续创作。

做IP是非常不容易的，基本上就是要成为一个不能停下的创作机器。一个人还好，想停就停，如果有了团队，IP停了，团队就没饭吃。所以，IP的持续创作，极其重要。

2.擅长

擅长亦专业。擅长对应的是"能做"，这里的能做，指的是IP的专业度、稀缺性。同样是讲私域和创业，为什么我的学员花时间、花钱买我的课，而不是买别人的课？就是因为厂长擅长做私域，擅长做IP。

厂长不仅自己有结果，而且还能带领私董一起做私域、累积私域资产、构建护城河和壁垒、帮他们拿到结果，这就是擅长、专业。

如果你很喜欢一个领域，但是没有任何拿得出手的结果，专业能力也没有得到认可，那么可能你还需要长期积累——积累自己的成名作，积累自己对这个领域的直觉、认知，积累自己的背书、案例。

如果有时间，还可以写一本书，把跟专业相关的内容系统地整理一遍，不用担心没有出版社愿意出版，如果你真的是行家，有干货，来我的核心圈层，这里有很多出版人，他们有非常多的、不一样的出版方案。

3.易变现

易变现亦为商业价值。变现对应的是"可做"。很多新手创业者都会犯一个错误，就是倾向于去找一些看起来是空白领域的市场，他们觉得：这行没有对手，没有竞品，真的是蓝海市场。

然后，努力做半年，他们最后发现：根本没法变现，可是却花光了所有的钱，项目流产，人生跌落低谷。所以厂长在直播间经常说一句话：看上去是蓝海，但却"白骨皑皑"。

可能有人会问，厂长，什么定位是易变现的定位呢？注意，是易变现，而不是可变现，一字之差，差别有十万八千里。易变现的定位和品类怎么找呢？有两个方法：

第一，在知识付费领域找。

离钱近的品类容易变现，特别是教别人变现的产品，容易变现。离钱近的品类有炒股、财经、财商、创业等，这些课程都非常好卖。或者是某种技能加上变现的属性，比如声音变现、短视频变现、会销课程、演讲课程，这些也很好变现。

当然，任何事情都有两面，加上变现属性的产品好卖，但交付会更难。

第二，在用户天然有需求的品类领域找。

不管是知识付费还是电商都是这样。比如英语、家庭教育就很好变现；厂长在英语这个赛道干了七八年，英语就是属于知识付费赛道的绝佳品类，付费习惯好，付费人群大。这种需求都是天生的，不需要教育用户，更容易变现。

厂长经常给学员讲一个教职场人记忆力的反例，这个例子来自厂长在直播间连麦的学员。这位学员觉得市面上没有人做这种课程，它有非常好的市场。我跟她说："这种课程第一是距离变现远，第二是用户天然没有需求。真正对记忆力有需求的，其实是学生党、考试党，他们反倒会付费。"

所以，千万不要想着教育用户，特别是教育用户产生需求。

现在，我们再来总结一下IP创业定位三要素：喜欢、擅长、易变现，分别对应想做、能做、可做。喜欢，保证IP可以长期输出，以此为乐；擅长，保证产品交付的质量，需要很长时间的积累；易变现，是赛道定位准确，选择了一条好的赛道，就是先胜而后战。

这部分内容非常重要，厂长给IP创业者做咨询，被问到最多的就是如何定位。所以，在本书后文，我们会专门花一个篇章，详细展开来讲如何做IP创业的定位。

三、成就超级个体英雄之旅

我见过几百位潜在合作的IP，每次跟他们聊天，都像是在读一本人物传记，复盘一段英雄之旅，非常精彩。

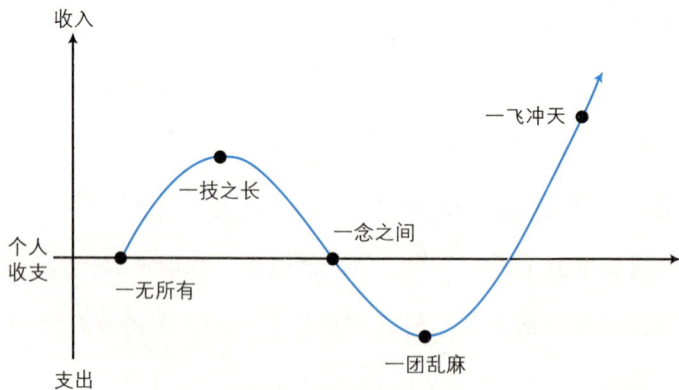

超级个体的英雄之旅

我发现几乎所有IP的奋斗历程都经历过五个阶段，我把它称为超级个体的英雄之旅。这五个阶段分别是：**一无所有、一技之长、一念之间、一**

团乱麻、一飞冲天。

第一个阶段，故事的主人公（也就是IP）一无所有。TA就是个普通小镇青年，一个不认命、不服输的男生或女生，来到一个新的城市，或者误打误撞踏入一个新的领域开始奋斗。

慢慢地，这位不服输的主人公在一个岗位、一个领域持续精耕细作，收获了一技之长。这项一技之长，让TA在所在的领域立足，甚至小有名气。TA有了自己的成名作，有了自己的行业地位，不再为生计苦恼。

现在到了第三个阶段，一念之间。

大部分人在此时还是打工人，或者自由职业者。突然，因为一场特殊的安排，TA与自己灵魂深处的梦想进行了一场对话。

有个声音告诉TA：你有成功的机会，这需要你放下一些东西，比如，稳定的职业、不错的薪资，甚至是骨子里的傲气，放下这些，去迎接生命中更大的挑战，去创业、去站在台前。

故事的主人公选择了挑战，再次踏上英雄之旅，来到了第四个阶段：一团乱麻。

很多IP作出决定，开启IP创业之后，会发现原来当老板这么难。

不仅要思考商业模式，还要找中介、注册公司、合伙人、操盘手以及招募员工；员工来了，要办理入职、五险一金、做培训、签入职协议；就连简简单单地租个房子，跟房东谈判、签协议都很难搞……

还没有开展业务，就遇到了各种问题，一团乱麻，可以预想，后面有更多乱子：产品一直不能上线，团队不给力，新员工执行力很差，上了产品却卖不出去，拍短视频还要买一大堆设备……

做高管时，这些都是公司老板操心的，现在自己要全部操心一遍，真的好心累。很多IP创业最终失败，不是IP在专业能力上不行，而是一直没有找到好的操盘手，或者没管理好自己的操盘手。

有一部分IP，或努力或幸运，组建好了一个团队，构建好了商业模式，也顺利跑通闭环，他们也就来到了第五个阶段——一飞冲天。

当定位、产品、团队、交付……一切变现闭环都准备就绪时，一条视频突然爆了，一篇文章突然刷屏，一次直播突然爆单，一次发售突然打响。

营收上个月还是0元，这个月就窜到了100万元。就这样，IP完成一次涅槃重生——一飞冲天，像火箭一样，成为闪闪发光的IP。

从一飞冲天到成为长期的超级个体，其实还会持续遇到一些问题，比如，流量如何可持续？如何最省力获得最大的结果？如何复制更多的自己？

这些问题太过专业，比较适用于拿到了结果的IP创业者。如果你有机会见到厂长，我会在一对一咨询中带你解决。

IP创业完整的版本其实一共有九个"一"，除了以上五个"一"以外，还包括另外四个"一"：一地鸡毛、昙花一现、毁于一旦以及一路长虹。但，**当你到一飞冲天的阶段，你就打败了99.9%的人，成为一个：可以自己独立完成商业闭环，并且拿到大结果的IP创业者。**

亲爱的读者，你现在是在哪个阶段呢？是一无所有的至暗时刻，还是一技之长的初次修炼？是一念之间的辗转反侧，一团乱麻的心急如焚，还是一飞冲天的自信笃定？

无论你在哪个阶段，我要告诉你的是：IP创业进可攻，退可守，即使没有一飞冲天，创业成本以及前期投入也是很低的，失败了依然可以继续打工，找个大公司做高管。

IP的英雄之旅需要时间。在创业的路上，你可能会孤独，可能会迷茫，甚至感觉到，自己与身边的人格格不入——自己在努力，身边的人在躺平。这也是我发起恒星私董会的原因之一：让更多的IP、操盘手、创业者能够聚在一起，相互勉励、相互支持、势能共创、恒心恒产。

最后，我想说，做IP是一件极其长期主义的事情。古人说"有恒产者有恒心"，做IP则是"有恒心者有恒产"——重要的不是你现在的位置，而是你的方向和加速度，大部分创业者到不了第五阶段，都是因为目标感不强，中途不能坚持导致放弃。

02 打磨超级个体"独孤九剑"，成为年入千万超级个体

现在我们来讲本书的核心知识点。厂长把IP创业成为超级个体的步骤，总结成了一套绝世武功，一套终极大杀器——超级个体"独孤九剑"。

当你练就了这套"绝世武功"，你就会成为年产值过千万的超级个体，就像前文提到的很多顶流IP一样，一个IP的收入，能顶一家上市公司一年的利润。

IP创业的"独孤九剑"有哪九剑？我们先简单介绍一下。厂长会在正文部分详细拆解"独孤九剑"，也会附上相关案例分析，带大家实战落地。

第一剑：一颗强大向善的初心

IP本人的初心或者使命感是整个商业模式的起源，缺失了这颗初心，IP创业无从谈起，碰到困难也根本无法坚持。

第二剑：一份稀缺好记的专业背书

这一剑包括三个层面：一是本身要在一个领域足够专业，自己要拿到过结果，能够获得别人的认可；二是你能把自己的经验总结成结构化的体系方法论；三是你的方法论能够帮助别人拿到结果，成为验证你专业的终

极背书。

厂长的学员里有位私董是做演讲教学，他每次演讲的开头都一样，说自己是长江商学院和中欧商学院都邀请过的演讲教练，一场演讲的出场费10万元起。这就是第一个层面，自己足够专业，拿到过结果，并且能够获得顶级品牌的认可。

再拿厂长自己来说，7年从300好友做到3000万私域，同时还写了一本《私域资产》的书，把"如何做私域"总结成了五个能力的私域五力模型，实现了结构化、框架化、产品化，许多人看完了厂长的《私域资产》，就学会了做私域，拿到了很好的结果，把自己的流量都沉淀下来成为资产。

这三个层面，就是厂长在践行的"专业背书"。而这些内容，能够让别人快速认可你，记住你，从而形成专业锚。这就是IP的核心竞争力，也是你的客户相信你，和你达成交易的前提。

第三剑：一个容易变现的赛道定位

前面的定位三要素里面也提到这点。容易变现的赛道，对应的就是易变现。找到容易变现的赛道，然后给自己一个清晰的定位，这个定位，包括你的IP名字。如何给自己的IP取名，后面的篇章，我会详细展开，还会给大家分享几个IP取名的黄金万能公式。

第四剑：一位极其靠谱的操盘手

如果你要做IP创业，那么你一定要找一位极其靠谱的操盘手，很多人都说，要有一个好的团队，但厂长想说，靠谱且互相信任的操盘手是因，好的团队是果。IP的主要精力是做内容，而不是做管理，这样才能成就超级个体。很多IP创业最后都败在操盘手不靠谱，比如直播电商，就容易因为操盘手选品不好，把IP声誉毁掉。

以前肖厂长写过"一个好的操盘手的三要素":如何找到这样的操盘手,如何跟操盘手分钱,IP如何管理好操盘手?我们会在后面的篇章详细展开。

第五剑:一个高利润的长销尖刀品

做好IP创业,一定要有至少一个高转化率、高利润率的尖刀产品。

IP本人和操盘手在这个尖刀产品身上,一定要投入足够多的时间,建立壁垒,打磨转化闭环,从而产生健康的现金流,养活团队,让商业模式转起来。

第六剑:一条高产、爆款的内容生产线

有了产品,接下来就要搞流量。IP创业最重要的搞流量方式就是做内容。

大家都知道,内容这方面有一个不可能三角:高产、爆款、原创。为了解答这个问题,我观察了我身边很多顶流IP,发现了他们做到高产和爆款的秘密:很多超级个体能够让团队分担自己的创作,自己只需要花很少的时间,就可以实现自己人设内容的持续输出。如何做到的,厂长会在后面的篇章和对应的案例中展开讲。

第七剑:一份随处发放的见面礼

流量做起来了之后,还需要引流到私域变现或沉淀。怎么引流?靠的就是见面礼。很多抖音百万粉丝、小红书几十万粉丝的大咖,都在通过见面礼引流。他们可以把20%甚至50%的公域粉丝转移到私域,形成非常有价值的私域资产,这就要靠见面礼。除了这种方式之外,一元课、免费课等也是见面礼引流的一种方式。

厂长仅见面礼的钩子就有七八个。后面的流量与变现篇,我会专门教

大家如何准备见面礼、如何发放见面礼、话术的技巧以及见面礼如何配合对应的产品变现，最大化你的流量价值。

第八剑：一节"印钞机"般的公开课

对于知识付费产品，你需要一堂打磨无数遍的公开课；对于加盟业务，你需要一场"印钞机"般的招商会；对于消费品、电商类的IP，你需要一套无懈可击的直播间话术。

这些内容如果是图文版，就是很多IP的销售信；如果是线下版，就是一场精心准备的会销场。

我和团队曾经在幕后帮很多顶流IP打磨线上公开课，证明了有科学的逻辑和SOP（标准作业程序）能让公开课变成一台印钞机。

第九剑：一帮全力支持的证言团

我经常会思考一个问题：拉长时间来看，IP创业的壁垒在哪里？后来我发现，就是超级案例、客户好评、客户证言。

可能会有无耻的IP疯狂抄袭你，把你的内容和产品全部抄过去。但是，有一样东西，对方是不可能抄的——那就是你的客户见证：因为这种客户见证的关系是沉淀在人身上，沉淀在别人口中，具备单一指向性，这是抄不走的。

厂长做的恒星私董会就是这样：有很多私董因为加入我的圈子获益，通过厂长的一对一讲解，快速找到自己的破局之道。事后他们会写信、写公众号来感谢厂长。这些东西，是别的私董会抄不过去的。长期而言，做IP的壁垒就是做客户证言，也就是做口碑。

以上就是肖厂长总结的超级个体"独孤九剑"，也是本书的核心方法论。本书正文会把它们分为4个不同的大模块，对"独孤九剑"展开介绍。

超级个体案例 ◆◆

📓 刘媛媛：从图书博主转型全品类电商达人，超级个体养成记

刘媛媛是北京媛创文化传媒CEO，北大法学硕士，《超级演说家》第二季总冠军，上榜2019年福布斯中国"30U30"（30位30岁以下精英），7年连续创业者。

我和刘媛媛是对外经贸大学本科同一级的校友，她在法学院，我在经贸学院。我创立恒星私董会后，她果断加入，成为我的私董。

刘媛媛成为超级个体的过程是曲折的，但成功也是必然的。

她有一颗强大且坚韧的内心，浑身充满了能量，虽然出身贫苦，但是永远积极向上。她把"努力"二字明晃晃写在脸上，毫不掩饰。

2020年7月，刘媛媛开始在抖音分享、讲解图书，仅用5个月时间，就积累了600万粉丝，销售图书6000多种，图书带货总额破亿元。

经过两年时间的默默耕耘，截至2022年10月28日，刘媛媛的抖音粉丝达到1599.2万，她成功从图书博主转型电商达人，常常能做到单月上亿的GMV，已然成为一个名副其实的超级个体。

01 人生三级跳：北京大学——超演冠军——知识博主/电商达人

刘媛媛出生在一个普通的农村家庭，高中的时候她的成绩并不好，全年级有200人，她的排名常年在180名开外。

一次偶然的机会，刘媛媛在图书馆看到一本名为《一个叩开牛津大门的高二女生》的书，书中的女孩和她一样，出身平平，资质平平，却靠着自己的努力，最终被牛津大学录取。这本书深深地影响了她，她开始发奋努力，用远超常人的勤奋，将成绩从年级倒数提高到年级第一，并且立下志愿，一定要考上北京大学。

但由于起步较晚，刘媛媛高考并没有直接考上北大，而是在大学4年后，以全国第十，超过分数线30分的优异成绩被北大录取为研究生。

这时，刘媛媛完成了人生的第一跳——从农村到北大。

进入北大后，刘媛媛并没有停下前进的脚步，她在一边完成学业一边实习的同时，还参加了《超级演说家》的海选。

其实，当时的刘媛媛并没有演讲的经验，用她自己的话说，唯一的一次正式演讲经历是班里的班委竞选。但在通过海选后，媛媛通过自己的努力，从一个小透明一路过关斩将，两个多月的赛程里，击败各路强敌，一举夺得《超级演说家》全国总冠军。

这称得上是刘媛媛人生的第二跳，大家也都记住了这个眼神坚毅、说话铿锵有力的北大才女。

获得大量关注的刘媛媛并没有错过这来之不易的机会，她接连出了两本书，并且参加综艺，出演电影，发布单曲，不断扩大自己的影响力。

2015年，24岁的刘媛媛成立了自己的公司，借助自己的学历以及口才优势，创办了媛创读书会、媛创学堂，分享自己的读书心得与成功经验，一年累计50万付费用户，课程销量超70万份。

同时，随着短视频平台的风口渐渐逼近，刘媛媛开始逐步运营自己的抖音账号。

2020年6月，深感时机成熟的刘媛媛开始在抖音上为学生和青年群体推荐图书，半年时间图书带货总额超过一亿元。

自此，刘媛媛的人生三级跳正式完成，从一个农村孩子摇身一变，成为销售额破亿的电商达人，翻开了人生的新篇章。

02 从图书博主转型全品类电商达人，刘媛媛是怎么做到的？

刘媛媛在直播带货上的成功，绝不是一蹴而就的，她自身也付出了相当大的努力。

2020年，刘媛媛开始在短视频平台摸索卖书。在初期，刘媛媛每天的直播数据起伏非常大，经常会经历第一天GMV爆发卖了600万，第二天只卖出30万的事情，每到这个时候，刘媛媛和团队会非常痛苦。但经历了连续一周每天只卖出30万GMV的成绩之后，突然就开始习惯了。

慢慢地，刘媛媛的直播间数据开始稳定在40万、50万、60万，然后可能还是会突然涨到了600万，再掉到几十万。

但这时，刘媛媛和她的团队已经不会再有太大的情绪起伏，而是积极复盘，寻找原因。

就这样，适应了抖音带货节奏的刘媛媛开始真正发力，直播间GMV数据稳步提高。

2020年7月到12月，5个月的时间里，刘媛媛直播了近1000个小时，积累粉丝600多万，销售了6000多种图书，图书带货总额超过一亿元。

刘媛媛就是把一切时间和精力全力放在抖音上，使劲砸，拼命砸，靠着"不撞南墙不回头"的气势在抖音闯出一条路来。

在深耕书籍带货领域将近一年的时间后，2021年6月，刘媛媛开始走出"图书领域"，基于直播间做深度和垂类商品的拓展。

刘媛媛将带货的品类扩大，开始向化妆品、珠宝首饰等领域进军，逐渐从图书垂类主播向综合主播进行转变。拓品可以承接住直播间溢出的流量，而珠宝、护肤品的高单价也提高了直播间的uv价值（销售额/访客），拔高了整体GMV。但拓品也不是盲目的，而是要一步一步地平稳过渡。

总结成两点，首先是商品选择上不那么激进求变，其次是直播节奏的拿捏。

刘媛媛在卖书籍、文创一类的产品时，更多会配合讲解，语气温柔，将书中的内容娓娓道来，营造富有艺术气息的直播间氛围。而在售卖生活化产品时，会适当地加快语速，提升节奏，使得直播间氛围变得紧张有压迫感，营造一种"再不买就亏了"的抢购氛围。无论什么品类都是持续的快节奏和大声叫卖会使用户出现疲劳，而刘媛媛这样可以根据销售的产品调整节奏的直播间无疑减轻了用户的观感压力，更容易让用户停留。

2021年9月3日，刘媛媛成功达成单场破亿的成就，这场直播共上架72件商品，共有32件商品GMV超百万、47件商品GMV超10万（含超百万）。相较以往的直播带货商品，这场是刘媛媛从图书类主播拓展到更多垂类的一个过渡，单场销售额破亿对主播来说意味着一只脚迈入了头部主播行列，在选品议价等方面也有了更大的话语权。

从公众号起步，切入知识付费赛道，再到如今的电商达人，刘媛媛的每一次转型都敏锐地抓住行业红利。其实在刘媛媛身上发生的，是个人顺应时代发展浪潮，将自身潜力发展到极致，最终成为超级个体的故事。

📓 剽悍一只猫：一年顶十年的个人品牌创业心法

卡里只剩183.08元的草根，仅用短短几年就成为百万粉丝公众号大V、顶尖的个人品牌打造专家和现象级畅销书的作者，实现个人影响力的爆炸增长，却过着半隐居的生活，甚至多年不公开露面。剽悍一只猫（以下简称"猫叔"）算得上是自媒体江湖中"活在传说"中的奇人。

从一个全新的，基于创业者和商业操盘手的角度，我来分析一下，猫叔成为超级个体的背后，有哪些冰冷但实用的商业铁律。

01　收入常态化增长可以靠勤奋实现，收入的10倍增长一定来自商业模式升级

最早期的知识付费产品，大都属于"刚需、高频、大市场"。

如果公司想要提升LTV，只能拓展新品类，推出新的产品去挤压同行，坏处就

是整个赛道无形中会出现很多的竞争对手，最后肯定是来到"内卷状态"，大家的日子都会越来越艰难。这还不算另一种极端情况：你的课程会被人盗录，制作成诸如"9.9元""99元"的盗版课卖给你的潜在客户，最终你辛辛苦苦为别人做了嫁衣。

与很多人不同的是，猫叔并没有选择"内卷"，而是主动升维商业模式，推出"剽悍江湖产品体系"。

2022剽悍江湖产品体系

一对一	轻咨询（1小时）、1天深度咨询（10小时）、年度顾问服务（标准版&操盘版）
认亲产品	剽悍商业私塾
私教产品	剽悍个人品牌私教班
圈子产品	剽悍个人品牌创业俱乐部
练功产品	剽悍财富行动营

猫叔的个人品牌私教班和商业私塾，是典型的"圈子+咨询"类产品。圈子本身就没法被盗版，尤其是那些经营得极好的圈子，吸引力是特别强的。咨询也是极度个性化的，处于不同环境、不同行业、不同阶段的用户遇到的问题也是千差万别的，只要效果好，自然就会有更多的人愿意持续待在这里，并不断转介绍。

02 想要做得久且做得好，必须把成功建立在服务对象的选择之上

2020年，猫叔的《一年顶十年》上市之前预订量就突破了10万册，上市后在一周内成为京东、当当、得到等多个平台的同品类销量第一。

随之被人热议的，还有猫叔更高级的模式：服务有影响力的B端客户攒背书，同时，吸引高能量的C端用户。这里要特别提一点：他会严格筛客户，深入了解后，

确定能很好地帮到对方，才会收钱。

据公开信息显示，猫叔曾被樊登读书聘为首席社群顾问，被磨铁聘请为首席图书品牌战略顾问，还是多本超级畅销书的首席营销顾问。

他做B端，最核心的目的不是求财，而是求名和求经验。

有了足够的名和足够的经验，在C端就会更容易做到一骑绝尘。

猫叔就像一个有一定修为的"老和尚"，因为有很强的思想输出能力，且还有一定的名声和好口碑，哪怕他就待在庙里，不出去应酬，用户也会不远万里来找他。

03 高位定价，是成长为超级个体的驱动力，亦是超级个体的未来

2017年，猫叔专门在办公室挂了一幅字：我们很贵。

猫叔想用这四个字提醒自己，一定要多做能让自己变得更贵的事情。如果是会让自己变便宜的事情，尽可能别做。

我对这一点深有感慨，想要吸引更多高段位的客户，如果你价格很低，他们是不会找你的。

是不是有点儿怀疑自己看错了，价格很低还有错吗？代入一个常见场景，就像是你要接待某位特别重要的贵客，你去大众点评上找餐厅，是不是会看人均消费？如果人均消费太低，你肯定是不会选的。

另外，选择做高价产品，也是在倒逼自己加速成长，因为要对得起这个报价，就必须得努力提升自己，要把擅长的事变成专业的事，把专业的事做成行业的标杆。

04 选择未来，用生命影响生命

猫叔表面上是个人品牌专家，实际上，他做的是生命教育。他不仅要帮助更多的人升级财富和影响力，更要帮助更多人"活得更好"。为此，他读了很多经典，

也遍访了很多真正有大智慧的高人，自己不断升级的同时，还深度帮助了一群高段位的用户。他的核心战略是"深度成就少数人，广泛影响更多人"。

如何做生命教育？

猫叔给了两句话：

第一句：通过带领大家更好地搞定"名利权情"，帮助大家修好自己的心。

第二句：用成长影响成长，用生命影响生命。

05 给想成为超级个体的朋友3点建议

第一，挤出时间来练基本功，赚钱才能水到渠成。

第二，深度链接牛人，价值巨大。

第三，利他是最好的利己，贡献很大的人，往往也会成为影响力很大的人。

在猫叔的社群中，一方面，他努力让社群成员获得价值，努力去成就社群成员；另外一方面，社群成员也会帮助他传播品牌，从而产生更大的影响力。

这种"利他"，还体现在他在其他社群的处事方式中。我清楚地记得，猫叔是2021年11月1日加入我的恒星私董会的，然后不断地做精彩分享，在合适的时候，还会主动发出大红包。后来，他在我的私董群中达成交易，营收六位数，ROI（投资回报率）>10。

📓 秋叶大叔：百万付费学员背后，多栖发展的千万粉丝矩阵的大学老师/超级个体

一位普普通通的大学老师，不仅成为影响了数百万读者的畅销书作家，还是千万粉丝矩阵背后的老板，更是全网曝光早已过亿的Office系列大IP。他做出的系列课程畅销百万份，小班课一经推出就频频售罄。说到这，估计你心中早已有了明确的答案——没错，就是秋叶大叔。

他也是我们私董会里公认的，完美兼顾体制内工作与创业的超级个体。而你敢想象，他最初也是普通打工人而且还是PPT小白吗？

秋叶大叔，本名张志，湖北黄冈浠水人，1976年出生，现为武汉工程大学副教授、秋叶品牌创始人、多部畅销书作者。带大学生孵化的创业团队出品的《和秋叶一起学PPT》《和秋叶一起学Word》《和秋叶一起学Excel》等系列课程已经成为国内最受欢迎的大学生职场技能在线课程，学员总人数超100万。

澳大利亚演讲家尼克·胡哲曾经说过："每一个优秀的人，都有一段沉默的时光。那一段时光，是付出了很多努力，忍受了很多孤独和寂寞，不抱怨，不诉苦，只有自己知道，而当日后说起时，连自己都能被感动的日子。"

用秋叶的话来说，他从默默无闻的高校老师，到2014年做到百度首页搜秋叶的排名第一，整整用了12年，高光背后有太多的努力和付出。更重要的是，他在每一段努力之后，都做了认真复盘，就拿出书这件事来说，他的经历是真的非常励志。

01　从被迫到处推销卖书的素人，到畅销书作家

秋叶说，他出的第一本书并不畅销，但他还是艰难地把它卖完了。

2006年他就有写本书的想法，想把自己看到的经验总结下来，当时他都不知道怎么出书。

凑巧他的连载网文被机械工业出版社吕德齐编辑看中，她建议秋叶出书，于是就有了2007年3月的这本《超越对手：软件项目经理不可知的18种技能》。

出版后，碍于身为作者的他没有名气，没有书店愿意卖他的书。秋叶不得不斥巨资包销1000本，花了15000元买书，那时他一年工资加上兼职收入才8万元。就这样，他开始被迫去卖书。但是，秋叶跟我说，卖书的这个过程虽然辛苦，但非常有意思。

他的卖书过程思路放到2022年都很系统。

起初，他是一个个去网上找行业内有可能团购这本书的公司，然后去公开的网站上搜到企业老总们的电话和邮件，这样他就能把书给别人邮寄过去。

寄送之后发短信或邮件说明他是谁，为什么给对方寄这本书。

等别人看完认可后就会团购。秋叶就这样把第一版4000本书卖掉了，后面还加印了两批，3500本，总共是7500本。

由于秋叶真有能力把书卖完，所以出书的大门其实为他打开了，好比一个新手演员电影火了，大家都认为他很可能是票房保证了，拍新电影就给他机会了。

因而秋叶也得以在2010年—2012年相继出版了《说服力：让你的PPT会说话》《说服力：工作型PPT该这样做》《说服力：缔造完美的PPT演示》，完成了"说服力PPT"三部曲，这一个系列的书起码卖了50万册。

秋叶说，卖书这个过程，给他这辈子带来了巨大的精神财富，是远远超过他赚一笔稿费的。这也让他意识到，出书是个人品牌的放大器。

02 从PPT小白，到千万粉丝矩阵的超级IP

说到秋叶一直深耕的Office培训领域，相信很多大学生、现在的职场人都多多少少看过秋叶PPT、秋叶Word、秋叶Excel的短视频/模板/课程，他们仅抖音平台上的账号矩阵就早早超过了千万粉丝。

而最初，秋叶只想专心帮学校领导做申报博士点的PPT，才边做边系统学PPT的制作技巧。他把制作PPT过程中的思考汇总成博客连载，也是因为这些博客文章，上海卓弈的刘俊老师找到了他，为他打开了通往专业培训师的大门。

2009年1月，刘俊老师找到秋叶问他能不能做PPT培训，要侧重逻辑和构思方面。虽然当时他的PPT做得很烂，但是当他看到一场培训回报比工资高一大截时，他下定决心，必须克服困难拿下。非常幸运，秋叶首个客户是电信。朋友给他找了大量材料备课，帮助他幸运过关。但培训也让他发现自己的PPT制作很弱，设计和美感都不行。

于是秋叶立即收集了国内PPT高手的博客，边看边模仿，又把心得做成了一个《如何成为PPT高手》的分享，顺便做了一次"病毒式传播"。

他宣称，凡是把这篇有关PPT的博客转载到其他社区，就可以发邮件找他要下半部分，结果他的帖子一个月内被转发了3000多个论坛，巅峰时期找他求取资料的人达到一天500人，累积到2013年，他回复了超过30000封要资料的邮件。

网络推广这一战秋叶打得非常漂亮，一下子从一个PPT界无名小卒，成为很多人心目中的PPT达人。

如今秋叶系列自媒体账号已经成为全网Office领域的头部大IP，通过风趣幽默的方式，把看上去很难完成的工作，用各类技巧几秒钟高效完成，成了不少职场小白的指路明灯，视频综合曝光早已破亿。

03 深耕教育行业，一年只做4期的小班课频频售罄

随着作品影响力扩大，秋叶也得到很多网络媒体的关注，百度文库2012年底找他合作，推出《不懂PPT，怎敢闯职场》专题，他也开始逐步和各大网盘合作建立原创作品分享专区。新浪爱问、迅雷方舟、网易云课堂、豆丁网、金山WPS等社区都纷纷找到他合作，又进一步放大了他的IP影响力。

做PPT培训的那几年，秋叶每一次都在琢磨如何迭代自己的教学方法，总结出了很多高效做PPT的完整套路，这些套路又足以支撑他写一本新书，于是有了2013年1月出版的《和秋叶一起学PPT》。

书一写完，秋叶就开始系统研究如何让微信成为他新书《和秋叶一起学PPT》的服务平台，这就是他的第一个微信公众号"秋叶PPT"的由来，是想为图书读者提供增值服务。

当时恰巧赶上了微信公众号大爆发的时期，不到一年"秋叶PPT"就有了近10万的粉丝，在2013年专注学习的微信公众号里成绩斐然，也让他创业起步阶段变得异常顺利。截至2022年，秋叶系列微信公众号矩阵也有了数百万粉丝，付费学习秋叶Office系列课程的学员也突破了百万。

而素人出书领域，新手作者想要写书非常不易，出版流程什么样、如何才能写得合格、如何对接出版社、后期要怎么才能卖好，都是难题。

回想自己当初出版第一本书的经历，秋叶非常想帮助那些"曾经的自己"，于是在2018年上线了第一期【秋叶写书私房课】。

秋叶说，截至2022年10月，他们已经早早完成了第16期的招生工作，靠着老同学的口口相传，咨询报名写书私房课的朋友几乎没有断过，期期爆满。

为了给所有批次的学员更好地赋能，他们一年只做4期，专心帮大家拿到结果。

说到结果，厂长特地问了一下，秋叶写书私房课，截至第16期，已经帮到150多名同学，成功从0到1打造了属于自己的畅销书。2022年三季度，三个月内就让15名新手作者签约好了出版社。

聊到未来的计划，秋叶说，虽然他人红了，粉丝多了，连说他帅的人都多了，但他始终记得自己是一个来自乡下土土的小镇青年。他内心的深处，始终还是一个农民，只知道劳作得到的果实最甜美和长久，表面一时的风光都不值得贪恋，四季轮回，大美不言。不管怎样成长，秋叶都不会忘了他来时的路。

📝 豪车毒老纪：从5毛钱一斤的豆芽，到豪车服务人尽皆知，私域变现数亿元

2021年前，你大概无法想象，9个人的团队通过8000组付费用户，沉淀了20万私域，一年卖出15亿的豪车。在我推出恒星私董会的第一年，这个人就成了我的私董，江湖人称"豪车毒老纪"。

除了卖豪车，2018年老纪开始入局餐饮，此后在同一条街连开5家店，一年6千万流水。做个人IP给公司输血，一年吸粉破百万，每年一百多场分享演讲线下走进各大高校MBA（工商管理硕士）讲堂&商学院、上市公司乃至世界500强企业。

作为豪车毒和老纪蚝宅的创始人，让大家了解老纪更多的是从一百平米几千万、几人十几亿的成绩，很少有人知道跟我同为"90后"的他创业背后的那些辛酸苦楚。

2021年中旬，我跟老纪深聊了3个小时，学习到很多。他从最初台下只有几人听分享到万人场，每天大量输出内容、录制短视频，他的优势远不止这几点。

01 辍学少年开启年入十多亿元的豪车生意，他凭什么

同为江西"90后"创业者，老纪初二就辍学到上海和家里人一起做蔬菜生意，14岁就烧煤、种菜、卖菜、开货车，这样度过了整整6年。

过完20岁生日，他到杭州城北汽车城打工开始接触豪车销售。老纪说，其实这个跨界非常大，从5毛钱一斤的蔬菜直接跳到百万豪车。

创业第一年，老纪就靠在汽车城尾随、蹲守、攀谈，开始结识、积累客户，即使只有19位客户，他也很珍惜，尽一切可能地服务他们。每年端午、中秋、圣诞、春节、客户生日，这5个节日客户都会收到他精心准备的礼物，从创业延续至今，这看似傻傻的举动为公司带来了巨大的收益。

老客户把新客户或者朋友微信推给他或他的团队，新客户告诉他车型、颜色、

个性化要求，豪车毒会全国比价、快速报价，做到最快8天内就能交付车辆，货到付款、送货到家、足不出户。

客户认可，交付定金，整个交易过程，包括：车辆到港，运输到目的城市，交车前极致清洗、改装、镀膜等过程，都有时时跟踪进展的动态照片和视频发给客户，视频和照片由专业摄影师精心拍摄、剪辑，客户看到自己爱车的精美视频也是享受。车辆的金融贷款事务、车辆交税上牌，也都不用客户出面。

最后还能满足客户不同的个性化交付需求，比如客户送车给女友庆生，需要半夜在酒店交付，他们把车子用巨大的礼盒装好，安装好灯光，配好音乐，礼盒里放上鲜花、气球，汽车作为礼物满足了客户想象到的和想象不到的惊艳。

车子交付给客户时，汽车美容做到极致，油是加满的，各色汽车用品都是配齐的。客户喜欢的吊坠、进口的纸巾、进口的高端玻璃瓶矿泉水、进口的烈性医药防疲劳口香糖、高品质坚果小吃、航空真皮拖鞋、一大一小两把雨伞，大的雨伞放后备箱，小的雨伞放驾驶位左边。还有收纳箱、真皮脚垫，等等。最后还有鲜花和花语卡片，老纪说，他要让客户体验到极致的交车服务。

他说，勤奋是他的核心竞争力。但我认为，他的眼光相当犀利，遇见机遇敢于all in（全部押进）的格局也相当厉害。而且，他的眼光不止体现在卖车这一件事上。

02　做个人IP百万粉丝，上亿成交的超级个体

加入我的私董之后，老纪还相继加入了几十个不同的高端圈层，拓宽自己的人脉资源。

看到大家圈子里的图文、短视频大牛云集，内容创作者们都享受到了复利，他说干就干，开启了自己的公众号和短视频内容打造。

在他做公众号初期厂长还助了一把力。只是刘润找老纪在朋友圈发了短短的一

句话，就给他带来了5000万元的豪车收入。

说做短视频，他马不停蹄地录制，而且还做了创新，只是一句简单的评论"尊贵的劳斯莱斯/宾利车主"，他安排人每天给上百个博主留言，就这么一直坚持，这句文字钉给老纪的IP人设打上了独一无二的标签。

公域做内容直接沉淀私域，截止到2022年，老纪积累了25万精准私域沉淀在180多个号上。我一直说，加微信这么小的动作，做与不做，就是1和0的差距。

刘润老师
说来话长。简单来说：1）我发圈找豪车毒老纪；2）上百人帮我拉群（感谢）；3）肖厂长转我原话，借势营销；4）老纪砸80万红包助推；5）卖了5000万豪车。人才啊。在私域里，草比树，更知春秋。值得敬重。

找老纪：刘润+肖厂长+老纪引爆的私域刷屏事件营销始末！

刘润老师朋友圈推荐老纪

还有了那句经典的"把任何事情做到极致，都能成为艺术家，哪怕你是一个保洁！"

03 如果你要问他的商业模式除了卖豪车、做餐饮，还有哪些

那就太多了，2021年的时候，老纪跟我说，他一直在梳理，还能怎么去服务他的客户。

人生在世，衣食住行，医疗、教育、娱乐、旅游、精神追求，要做的其实是很多的。衣服他可以提供高级定制，吃的他提供了代办家宴，住的他不光有保洁团队，也有豪宅资源可以对接。出行的话，他做的就是汽车，医疗他可以对接最好的资源。就剩下教育、娱乐、旅游，以及客户的精神追求他没有涉足。

2022年，老纪的IP变现版图中又增加了企业家联盟/私董会，群里有他的付费用户，也有他的潜在客户，他们为优秀传统企业流量赋能，为大家提供资源链接N对一服务，共同研究如何做好流量私域变现。

老纪一直践行，同行没做的是服务，同行做过的是义务。其实做服务没有那么高深，只是为客户多考虑，小的事情你是否能够坚持。你关爱客户，客户才会关爱你。

最后，我用一句话总结：无论做多大的生意，制定行业标准，是存量内卷时代的制胜法宝。

黄有璨：高中辍学、独角兽联创到超级个体三连跳

一个高中辍学的草根，后来不仅成为估值数十亿公司的联合创始人，还写出了"运营类"业内销量及豆瓣评分最高的百万级畅销书，数百万学员遍布各大互联网大厂，可谓是"运营"领域里名副其实的超级个体。

他就是我的私董，黄有璨。

你可能已经按捺不住心中的好奇，想要知道他是如何达到今天这样的成就的，后面我会带着你拆解他作为超级个体的成长心法，以及在他看来，"超级个体"的成长初期有哪些特质，又会经历哪些阶段。在此之前，我们先来初步了解他从业15年来的一些成长履历。

黄有璨现在是有瞰学社创始人兼CEO，曾任互联网人的新职业大学"三节课"（sanjieke.cn）的联合创始人，连续出版了《运营之光》《运营之光2.0》《运营之光3.0》《非线性成长》等畅销书，是36氪、百度百家、虎嗅等知名媒体专栏作家，担任过创业黑马高管营创业导师，也是知乎互联网领域优秀回答者，写出过数篇关于互联网、职业发展的爆文被疯转，他的文章仅2016年累计线上浏览量就超过了2000万，可以说是国内一众互联网运营人的启蒙导师。

同为互联网企业的管理者，我也经常会给团队转发黄有璨写的文章与思考，但我之前从没想到，达到如此高度的他，竟然连大学都没有上。2020年11月5日，我们促膝长谈了两个多小时，得以亲耳听到他的人生翻盘经验，上万名视频号粉丝为黄有璨的精彩分享贡献了50多万点赞量。

后来，黄有璨也加入到了我的恒星私董会。跟黄有璨聊了这么多次，我发现，在他职业生涯的多个阶段，他的成长速度都是远超他人的。相比身边的大多数人，黄有璨始终处于一种非线性的爆发式成长中，并且也确实找到了一些可依赖的规律，起点低也没有影响他持续拿到不错的结果，用他的话来说，就是成为一个商业自由人。

01　逆袭翻盘的心法与思维方式

20年前，黄有璨出于对应试教育的反感，高二时选择从一所省重点高中辍学，因此失去了如许多正常的年轻人一样参加高考，进入重点大学的机会，甚至连高中毕业证都没拿到。因为这个选择，他的职业生涯起点，几乎是从你能见到的社会最底层起步的。

但是，2022年的今天，黄有璨的身份和职业形象已经有了天翻地覆的变化。在这十几年里，他依次经历过仓库搬运工、推销员、外企销售、互联网运营、职业经理人、自由职业者、创业者等多重职业身份，跨越多个社会阶层，实现了个人的极快速成长，也得以在整个过程中与各行各业的顶尖高手对话、交流，向他们请教，了解并总结了他们是如何学习和成长的。

这里，厂长也在他的《非线性成长》中，提取了四个底层思维模式，分享给想要超速成长的你：

1.系统性思考能力

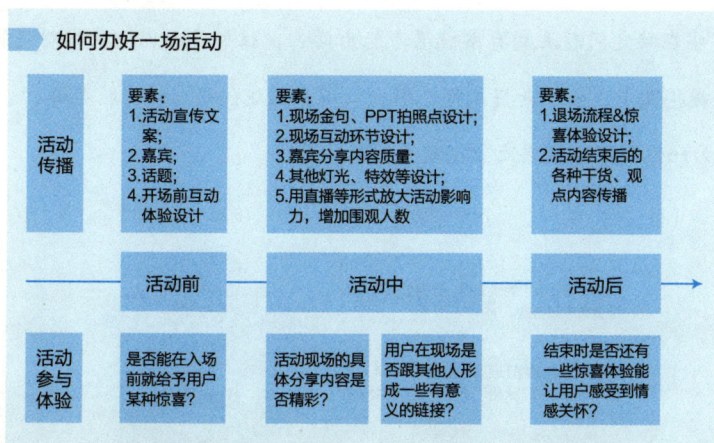

如何办好一场活动

	活动前	活动中	活动后
活动传播	要素: 1.活动宣传文案; 2.嘉宾; 3.话题; 4.开场前互动体验设计	要素: 1.现场金句、PPT拍照点设计; 2.现场互动环节设计; 3.嘉宾分享内容质量; 4.其他灯光、特效等设计; 5.用直播等形式放大活动影响力,增加围观人数	要素: 1.退场流程&惊喜体验设计; 2.活动结束后的各种干货、观点内容传播
活动参与体验	是否能在入场前就给予用户某种惊喜?	活动现场的具体分享内容是否精彩?	用户在现场是否跟其他人形成一些有意义的链接?	结束时是否还有一些惊喜体验让用户感受到情感关怀?

如何办好一场活动,图片来自《非线性成长》P191

　　所谓"系统思考能力",是一种整体性的思考方式,要求你从一个系统的目标、整体结构和各种系统要素中思考,最终寻找到一个围绕实现目标的最优解,拿"如何办好一场活动"举例,你的头脑中是否能从整体搭建出一个系统性的流程框架呢?

　　2.商业环境中的"竞争策略三级思考法"

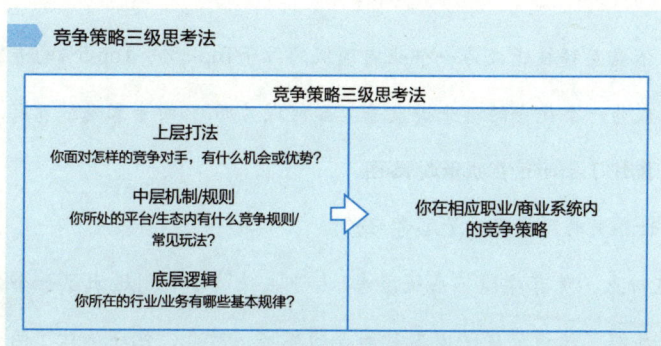

竞争策略三级思考法

竞争策略三级思考法	
上层打法 你面对怎样的竞争对手,有什么机会或优势? **中层机制/规则** 你所处的平台/生态内有什么竞争规则/常见玩法? **底层逻辑** 你所在的行业/业务有哪些基本规律?	你在相应职业/商业系统内的竞争策略

竞争策略三级思考法

如果你已经工作三四年，会时常发现，同一件事在不同人眼中看起来，往往是完全不一样的。有人看到的是单点，有人看到的则是一个系统。

而那些在特定问题上拥有系统思考能力的人，往往具备优质策略制定能力，依靠策略来赢得竞争，而不是拼执行，用一张图来描述，你也许更能理解。

3.成为一位顶级专家或商业操盘手的具体路径

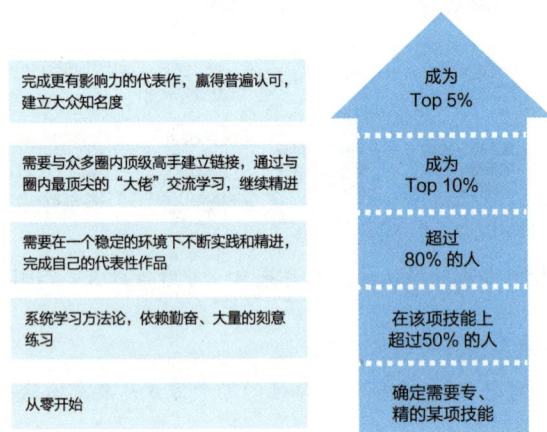

完成更有影响力的代表作，赢得普遍认可，建立大众知名度	成为 Top 5%
需要与众多圈内顶级高手建立链接，通过与圈内最顶尖的"大佬"交流学习，继续精进	成为 Top 10%
需要在一个稳定的环境下不断实践和精进，完成自己的代表性作品	超过 80% 的人
系统学习方法论，依赖勤奋、大量的刻意练习	在该项技能上超过50%的人
从零开始	确定需要专、精的某项技能

成长脉络图

对于大多数人而言，到达职业成长的终极出口，或者要实现从"绝对被动"到"非常主动"的通关状态，有且只有两种可能：

要么，依靠某种技能成为一个业内顶级的位于Top 3%—Top 5%的专家；要么你努力让自己成为一个优秀的商业操盘手。如何成为那5%的专家呢？黄有璨用自己的亲身经历，梳理了上面这张成长脉络图。

4.商业世界里的两种高质量思考习惯

以上这四点，黄有璨以"系统思考+专业主义"不断创造出了一个又一个逆袭翻盘的人生旅程，但这还不足以应对如今的环境，对此，他还总结了两大应对"不确定性"的武器：

其一，向外看，进行理性思考，发现这个不确定世界中的局部基本规律，通过系统思考和专业主义，让很多事情变得可控，让自己拥有依赖一些基本规律对复杂系统推演和预估的能力。

其二，向内看，回归内在的信仰、热爱和坚持，让自己成为一个即便身处复杂环境，仍可保持内心稳定的能量体。一旦内心足够坚定强大，能量充盈，你将在内心深处获取"无论外面风吹浪打，我自岿然不动"的稳定能量，从而天然拥有某种独特的确定性。

02 如何成为时代下的"商业自由人"

老黄口中的"商业自由人"，具备三个特征：

首先，你拥有个体独立赚钱的能力，一个人通过互联网，就能搞定流量获取到变现的整个闭环。

其次，你能通过比较轻资产的小生意，一个人独立收入20万—30万作为基本盘，目标朝着100万努力，如果想成为上千万收入规模的超级个体，就要看时运与机遇，更多是要做脚踏实地从基本盘上长出来的生意，这个不用强求，让自己过于焦虑。

最后，你要做的事情，最好不是简单地用劳动换取收入，而是能够为你未来的人生带来复利价值。

03 如何挖掘超级个体的核心优势

第一，有某种专业技能，比如你是设计师，你会写文案……

第二，你对某一类人/事物很敏感，善于发现他们的共性，跟他们打成一片，当然不限于人类，动物也适用。

横向、纵向去拓宽自己的视野，你会发现非常多的机会。

其实，你是有这样一项能力的，现在在身边人看来稀松平常，但是一旦到了与你时空维度完全不一样的地方，其他人对你这种能力非常陌生，信息差就产生了。

04 当下的最佳策略

黄有璨深刻觉得，当下的最佳策略只有三种：

1.极致机会主义，追求1年顶十年。

2.保守的安全主义，想办法让自己能进入有钱人的圈子并形成强关系绑定，赚有钱人的钱。

3.回归"朴素的笨小孩主义"，找一些不会轻易受大环境影响，但长期复利效应很高的事来做。

此外，黄有璨还给自己定了目标：每年写一本书，每年深度结交30—50个各领域的高手。

其实这也是厂长做IP以及做私董会的初衷，多到不同的地方走一走，多链接不同的高手牛人，碰撞出不同的合作火花。毕竟，真正能影响到你的，还是你身边圈子里的人。

未来，互联网产业侧的大机会一定不是属于所有人的，流量与用户在线时长的红利几乎都达到了峰值。如果说大增量消失了，我们多数人就更适合去把握住那些小增量上的机会，正如黄有璨在《运营之光3.0》里提到的：

记住一句话，动荡不安的环境下，小老鼠、小蟑螂会比大象、恐龙更容易生存。

One

1

第 1 篇 定 位

第一剑：一颗强大向善的初心

导论部分系统地讲解了个人IP创业的案例和特点，并且引出了我做成超级个体的核心秘诀：超级个体"独孤九剑"。当你熟练了这套绝世武功的每一招、每一式，你就会成为一个年产出千万利润的"超级个体"，就像最开始讲的很多顶流IP一样，一个IP能顶一家上市公司一年的利润。

第一剑与第二剑说到的"一份稀缺好记的专业背书"，第三剑说到的"一个容易变现的赛道定位"，都属于定位的部分，每一剑都是一个圈。我们做IP的定位、商业模式的定位就是确定这三个圈，然后找到它们的交集，交集部分的定位，就是你的黄金定位。

在开始第一剑之前，我们先看一下第八剑和第九剑，即超级个体"独孤九剑"的最后两剑："一节'印钞机'般的公开课"和"一帮全力支持的证言团"。以终为始倒推前面的要素，我相信你能更加理解为什么IP创业需要一颗强大向善的初心。

设想一个场景：你被邀请到线下做一次一小时的分享，或者你跟人做一场30分钟的直播连麦，抑或是你在直播间为粉丝答疑。

别人为什么花时间来听你讲？别人为什么会给你付费？有什么内容你会重复提到，会不厌其烦地讲100遍、1000遍？

这些问题的答案只有一个——你的故事。

故事之间，透露出你的热爱——因为热爱，所以花时间变得专业，所以做出了产品，所以帮助到了很多人。而你的初心就是通过你的故事来感染听众，并引发他们的共情。

你的故事吸引人，别人才愿意来听你讲；你的故事引出了你的产品，别人才愿意给你付费；你每一次演讲直播都讲你的故事，才能够打动别人；你的故事必须是真实发生过的，才经得起反复说、持续说，才会有人自发成为你的见证人，才会让你的对手挑不出毛病。

你的故事首先要能说服自己，才能说服别人，然后你才能坚强面对一团乱麻的创业之路，带着一帮人在一个方向坚定地走3年、5年、10年；能面对一些人的诋毁、谩骂、讥讽，无论什么情况你都能做到有条不紊、泰然自若。

所以，本篇我们讲的第一剑是：一颗强大向善的初心。

很多人都说这听上去非常务虚。但实际上，一颗强大向善的初心将会贯穿你做IP创业的始终，并且具象成一个个鲜活的故事，就像一部好莱坞超级英雄大片，让与你擦肩而过的所有人都被你征服，为你鼓掌。

一、IP初心的四大误区

关于做IP的初心，**很多人都容易陷入4个非常大的误区**，4个误区分别对应4招。

误区一：搞错"因果关系"

很多人都对初心这个词感到不屑。他们看到一些IP挣钱了之后就说，要是我能一场直播挣几万、几十万，一年挣小几千万，我也热爱，我也天天直播讲故事，我也天天这么拼命。

我想说，你搞错了因果关系。**并不是因为挣钱了才热爱，才讲初心，而是因为先有初心才能创造价值，才能最后挣钱。**哪怕这个初心就是想挣钱，想要改变命运，只要你实现梦想的过程能透露出你的品质、你的努力，这就能打动包括你自己在内的很多人。

所以，个人IP创业最重要的就是你的初心。普通人关注结果。他们希望结果是拥有纤瘦的身材，却不愿意在行动上锻炼身体、控制饮食；他们希望结果是拥有无尽的财富，却不愿付出努力去学习、去经营自己。而厉害的人，都关注原因——他们知道没有好的因，自然没有好的果。

要成为一个成功的IP创业者，成为一个人就能赚到一家上市公司利润的超级个体，你就必须要有一颗强大向善的初心。

误区二：觉得"自己没有故事"

除了想赚钱这个初心以外，找不到能够说得出口的初心，自己也没有故事，这怎么办呢?

我从2021年开始做恒星私董会，这是一个以"超级个体"为主题的私董会。通过这个私董会，我接触了100多个变现做得非常好的IP。在跟他们一对一沟通、解决他们的问题时，或者在我的视频号里连麦时，我会问每位大咖一个问题：你的初心是什么? 也就是为什么走上现在这条道路，而且做得那么好。

在听完这100多个大咖的回答之后，我总结了两类拥有初心，也就是两类找到自己热爱的方式：

第一种是自己不懂，误打误撞，无心插柳，机缘巧合下，在一个恰当的时机进入了一个当时默默无闻、但几年后突然超级火热的行业，因为客观原因拥有了这份热爱以及这份初心。

这种误打误撞可能是因为家里的背景，父母已经帮忙做好了选择，选好了行业；也可能是在一位领路人的带领下进入了一个对的行业，自己在这个赛道上跑了10年，成了一个超级个体。这种IP占比很少，一般都有故事，不存在这个问题。

第二种是充分思考，主动选择了一个行业。一般这种IP都有一定社会经验，不是那种刚毕业的。他们做超级个体的理由更加简单纯粹，就是单纯想赚钱，单纯想改变命运，希望自己和家人可以有更好的生活。之前自己什么也不懂，选了个不好的赛道，不好的发展路径，自己想要改行，想要改变发展模式，然后去找新的方向和新的未来。你来看我的书，是不是属于这种？

我聊的100多个IP当中，第二种IP占比更高，甚至占绝大多数。他们在最开始也都没有故事，或者这个故事并没有那么有吸引力，只是开了个头。而当他们选定了一个赛道、一个方向后，自己做自己的导演和编剧，这就开启了一段自己的英雄之旅，并且一边往前走，一边把自己变成了有故事的IP。

其实，厂长也是这种类型。我自己的IP一开始定位在职场人群，后来定位在创业者和私域，现在又往上聚焦个体创业。每一次变化背后的原因，我会在后面案例的部分展开来讲。

我的每次定位都是充分思考、主动选择的结果，最开始我也觉得自己没有故事，过往经历只是起了个头，但后面我通过努力，让自己配得上这个定位，让自己的故事成为一个故事。比如这次我为了做这门IP课程，做了1年多的IP，并且推出了创富圈和私董会产品，一个人带着10多个人的团队实现了小几千万的营收，这才让我有这个故事，推出IP课程。

能把IP创业做成的人，大多都是干一行爱一行的人。他们没有那么丰富的故事，但是会为了把一个故事讲好，而付出异于常人的努力，去在现实中演绎故事。

所以，不要觉得自己没有故事，更不要觉得自己没有热爱。米开朗基罗有句话："塑像本来就在石头里，我只是把不需要的部分去掉。塑像对于每个人来说就是你自己，而需要去除的是外界的期望。这把雕刻的凿子是人格的独立，若经常反省叩问内心，那么雕刻出这个塑像的时间就会缩短。"

同样的，我们的生活里有无数的好故事可以讲，只是日常生活的琐碎给这些故事蒙上了灰尘，让它们变得不易被察觉，就连当事者自己都没有意识到它的存在。但只要你肯挖掘，你就能找到。如何最终找到合适的定位，我会在后面的第三剑——"一个容易变现的赛道定位"中展开。

误区三："只关注自己"

前面讲到很多人最开始都是自己想赚钱，想要在社会上立足，想要让自己和家人改善生活，这是一种自私的心态。不可否认，每个人骨子里都有自私的基因，首先想到的都是自己。但大部分人的自私都不够高级，你可能会问，那最高级的自私是什么？

两个字：利他。

这也是厂长在这一招心法中特地加上了"向善"两个字的原因。向善，就是愿意帮助他人，做一些对他人有益的事情。人是一种社会动物，一个人能不能赚到钱，主要取决于他能否为对方创造价值。而一个IP的崛起，也大多是因为他的利他之心、向善之心。如果一个IP是站在自己的角度去直播、演讲，效果就会很差，因为他只关注到了自己。而如果这个IP是站在客户、听众的角度，心里无时无刻不在想：我应该如何帮助你们，那么他的分享效果就会非常好。

所以，那些顶流IP不是不自私，而是人家的自私是以一种更高级的方式，即"利他""向善"的方式体现出来。考虑用户，以客户为中心，一个IP才能有商业价值，才能够做得长久，这才是最高级的"自私"。

误区四："初心就像一株嫩芽，要倍加呵护，不能让任何人伤害了它"

厂长表示，这其实是玻璃心的体现，一个有玻璃心的IP不可能做大。

在IP的内容爆火之后，会有很多正面评价、支持，也一定会有不少的批评、批判，甚至讥讽、吐槽、质问。IP天生是敏感的，不然无法创作出有共鸣的内容。负面评价对一个IP的深层影响是巨大的，甚至可以说是致命的。有不少IP在爆火之后，因为受不了好评之外的一小部分恶评，觉得自己被网暴了，做梦都是被恶评淹没的景象，最后只得放弃做IP。

能够做成、做大、赚到钱的IP都有一颗强大的内心，让他们能够坦然面对所有的批评、质疑、讥讽。而且只要是赚到了钱的IP，一定会有很多嫉妒的人挖空了心思来找他的黑料，鸡蛋里挑骨头，疯狂攻击。

厂长做IP的这一路，表面很光鲜，但背后也是一地鸡毛，有各种恶评、吐槽，还有很多人的嘲讽。我要感谢自己——正是以前屡败屡战的创业经历，让我练就了一颗强大的内心，没有被喷子轻易打败。

在这里，我要对所有想做IP的人说一句：不管是出于爱一行干一行，还是干一行爱一行，能坚持在各种键盘侠的诋毁下，持续输出，保持创作的习惯，这是一件非常不容易的事情，只有内心强大的人才能坚持下来。

所以，一颗强大的初心有3个特点：

1.坚持；

2.不顾面子；

3.坚持不顾面子，极强的目标感，朝着你的目标努力。

以上就是我们做IP关于初心的四大误区，以及IP创业者需要一颗强大、向善的初心的原因。

这是我们做IP的根源——发心。

二、从初心的误区中学习

我们来总结一下从初心的四个误区中可以学到哪4招。

初心，是热爱，也是使命，是为什么要出发，为什么要做这件事。

第一，我们要搞清楚因果关系，并不是因为赚钱了才喜欢，而是因为喜欢、有初心，才能够创造价值，才能赚到钱。

第二，每个人都可以有故事。注意，并不是"现在都有故事"，而是"可以有故事"。如果你有现成的故事，那就可以直接做IP、做产品；如果你还没有现成的故事，但你找到了一些愿意长期深耕三五年甚至十年的领域，那么你可以从现在开始，自己当自己的编剧，演绎你自己的英雄之旅，演绎你的奋斗故事。

第三，热爱一件事情，不能只关注自己要变现、要赚钱，而是要向善，要关注他人。最高级的自私是利他，利他才能有飞轮效应，最后才能利己。

第四，做IP高处不胜寒。你做得越好，黑粉越多，而偏偏很多IP又是内心极其敏感的感性心理。所以，能走得远的IP，一定要内心强大，能坚持，能够不顾面子，而且能够坚持不顾面子地朝着你的目标努力，你就赢了。

以上就是我们"独孤九剑"的第一招式，也是关于定位的第一剑。

找到你的初心、你的热爱，最后，把它们变成你独特的故事。通过这个故事，强化你的人设，并且获得观众的共情。

它是一切的开始，也仅限于开始。

第二剑：一份稀缺好记的专业背书

讲第二剑前，我们再次先以终为始，聊聊最后两剑——成交场景和证言团，倒推一下，为什么你需要一份稀缺好记的专业背书？

想把自己的产品卖给客户，逃不过要回答他们四个问题。具体哪四个问题，我们在第八剑当中会具体展开，而其中一个问题就是：

客户为什么买你的，而不买别人的？

因为：你最专业，且有案例，客户信任你；其他人买你的产品，也获得了成功。

所以做IP，光有初心只是第一步，你还需要一份稀缺好记的专业背书，让客户从内心深处建立起对你的信任。你的初心、你的热爱也需要专业背书的加持。如果没有，一切就只能是空中楼阁。

关于专业背书这一剑，你要做两件事：**第一，自己要真的专业**；**第二，要让人知道你专业**。大部分人都是分开做的，而一小部分聪明人会同时做。

一、自己要真的专业

这里的"真专业"需要经历三个阶段，分别是经验、体系、案例。

先说第一个阶段，即有**行业从业经验**。在这里，时间投入是基础。一个讲财务的IP如果没有自己做财务的经验，人设是不可能立得住的。做IP要有一技之长，这是要靠时间和专注累积的，没有个三五年搞不定。

当你有一定的专业经验后，就来到了第二个阶段，那就是**体系**。知识体系、技能体系、经验体系，做体系是成为一个专业IP非常关键的一步，就像一个数学家所研究出来的定理、一个物理学家所推导出来的公式一样，走得远的IP一定要会总结。

厂长做私域的IP就有一套私域五力模型，总结了一套创业七步法；厂长做个人IP，也总结了一套超级个体"独孤九剑"。

我观察的那些成功的IP也都有自己的一套体系，比如王岑的八字经，教大家如何来看项目；申晨的熊猫罗盘，教大家如何做新消费品的方法论。

不仅是知识IP，所有的专业IP都应该沉下心来，花时间来用心打造一套自己的体系库。这套体系是IP本人经过大量的经验、案例高度概括出来的心法或方法论，通过这套体系，一个IP可以开宗立派。拥有了体系的IP跟没有体系的IP完全是两个段位。

另外，一套体系形成后，也需要不断地循环和优化，直到能够匹配大部分的客观情况，并且能为新手提供实质意义的帮助。

比如厂长的私域五力模型，最开始其实只有四个能力，内容力的部分是模型提出两周之后，又跟很多私域高手交流以及研究很多客观案例时，发现内容实在是太重要，于是便加进模型中。而加上了这个能力后，再出去跟人交流过招，一切都完整了。

关于如何建立一套可以拿出来卖的知识体系、如何做一门课，我会在后面的案例战法中，结合我自己的经验和观察进行讲解。

在体系之后你会到达第三个阶段——**案例**。有经验是你自己能拿到结果，有体系是你能总结出自己拿到结果的方法论，有案例才是你的方法论能够帮助别人拿到结果的证明。

一般讲案例都是讲成功案例，也就是你通过自己的时间投入，在这个领域真真正正拿到的结果。这个结果可以是自己的结果，也可以是帮助他人拿到的结果。

一个教人做销售演讲的老师，自己做得怎么样，他的学员做得怎么样，这就是案例。

一个教人做个人品牌的知识IP，他自己的个人品牌做得怎么样，他指导过的学员的成功案例，是别人相信他、建立信任的基石。

除此之外，案例还有一个非常重要的作用，那就是让"自己相信自己"——让自己进一步强化自己的初心和热情，让自己觉得做的事情是对别人有用的。

这样，你在碰到困难的时候，才可以坚持下去。这也就是干一行、爱一行的根源——即使有再大的困难，你都要坚持做下去，因为做这件事本身就能让你持续获得心理层面的正反馈循环。

经验、体系、案例，这是我们让自己"真专业"的三个步骤。但是，搞定这三个步骤也只是完成了"自我专业度"的建设而已。这就好像是一个舞蹈演员练就一身扎实的基本功，但距离成为杨丽萍、金星这种舞蹈大IP还差得远，所以我们需要第二步。

二、让更多人知道并且记住你专业

很多人会觉得，只要我专业了，光凭借口碑就一定会有人知道，大错特错。因为现在已经过了供给不足的年代，任何行业的竞争都在加剧，而且竞争会越来越激烈，好的产品好的交付只是基本功，只是准入门槛，这一点我们从"内卷"这个词的爆火就可见一斑。而且整个社会的商业知识水平都在不断提升，以前大家都不明白互联网如何盈利，而现在是个创业者就知道互联网有哪些盈利模式。

所以，自己要"专业"只是基本功，做个人IP更重要的是，你要让更多人知道、并且一下就记住你很专业。

在这个部分，我会教给你充分强化自身IP优势的四招。

1.IP名字

IP名字是一个IP最直观、使用次数最多，也最能体现IP特点的标签。

我拿自己举个例子。我有一位私董，在跟他一对一沟通的时候，我问他是如何知道我，并且付费成我的私董的。

他跟我讲了一个让我十分震惊的故事，这让我更加坚定地继续使用我的IP名：最开始他了解我并不是通过我的内容，也不是在我的直播间，或者看了我的书，而是跟我的另外一位私董聊天，对方提起了我，说了我的名字"私域肖厂长"，然后他就记住了。

因为他本身对私域有需求，并且一听这名字，就感觉是一位私域大神，还是朋友推荐的，于是，他就在微信搜到了我的视频号。

这里要说一下我的真名"肖逸群"，我特地申请了名人专区，你搜索这几个字，在微信的展示跟其他的搜索结果是完全不一样的，非常有格调。

图1-1 微信搜索"肖逸群"搜索结果

然后，他就关注了我的视频号，通过我的视频号关注了我的公众号，最后通过我的公众号加了我的微信。他上来直接就问我有哪些产品，觉得私董非常适合他的身份和需求，果断付费几万直接成交。

这是一个真实的案例，我了解整个过程之后很震惊，并且感受到了一个好名字对IP的帮助。

很多私董都会问我怎么起名，在这里我总结了**四个万能的起名模板**，拿去直接套用即可。

这四个模板中**第一个是""IP名+专业领域+特征"**，比如"私域肖厂长"，在这个名字当中，私域就是专业领域，告诉别人我在私域这块是专业的；肖是我的IP名，是这个名字为我专属的体现；厂长是一种身份名、特征名。

跟这个名字相类似的，还有英语张三老师、润宇创业笔记以及涛哥陪你瘦等。

第二个是IP名+特征、身份或理念。比如，单纯就叫肖厂长、商业导师张琦，这些名包括了特征。还有一种是全名加上身份，这种在私域当中用的比较多，比如我的私董王一九，他的微信就是"王一九：高端商业IP私教"。另外一位私董，豹变学院的主理人张大豆，他的微信名字就是"张大豆 | 豹变打造明星企业家"。

还有一种是加上自己的理念、性格、特质，比如"薛辉小清新"，这种就一下子把IP的特点加了进来，让别人觉得这个人很有意思，让人容易记住。

第三个是直接用专业领域加上特征。比如：演讲黑客、网红校长、地产酵母等。这种取名字的方式有利有弊——好处是名字可以更好记忆，坏处是不好注册商标，缺乏独特性，真正做大了之后，会有风险。

最后一个是直接使用本人的名字。比如李国庆、罗永浩等。这种一般最开始并不是刻意做IP，而是因为本人极具话题性，自然而然地成为了IP。

如果你是新手，建议从第一个取名公式开始。因为这种名字是最利于转化的，让每个听过你名字的人都能准确地记住你在干什么。然后，名字最好是五到六个字，超过七个字会有点像一首诗，念起来很拗口。

2.IP描述

IP描述有两个应用场景，第一个是个人介绍以及在抖音、视频号、小红书等平台的账号描述，它仅次于IP名字。

第二个高频使用的场景是在每一次线下演讲，每一次连麦大咖以及每一次发言的最开始，你可能都需要花一两分钟做一次个人介绍。好的个人介绍不仅会让别人快速了解你、记住你，而且还会让别人想要加你的微信，甚至直接为你付费。

厂长的个人介绍主要包括四句话，首先第一句话要**响亮**，这句话是要被记住的一句话。"我是私域肖厂长。一名11次连续创业者，8年时间我从300个好友做到了3000万私域，一年最高变现6个亿。"

第二句话是**差异**的一句话，跟其他IP不一样。"我先是做了6年的操盘手，之后果断从幕后站在台前做起了我的创始人IP，从追求规模的独角兽，变成了扎扎实实做利润的小而美，并且都拿到了不错的结果。"

第三句话是**真实**的一句话，用事实佐证自己的实力。"我就是星辰教育的创始人，做操盘手的6年，我们打造了轻课、趣课多、极光单词、潘多拉英语、清新冥想等产品，最多的时候，一天有100多万学员在朋友圈疯狂打卡。现在，我在做自己的IP，全网涨了100多万粉丝，经常在朋友圈和视频号刷屏，沉淀了10万的精准创始人到我的私域，通过恒星私董会、小而美创富圈、线下课等产品一年变现数千万。"

第四句话是**贡献价值**，同时能做留存的一句话。"如果大家想要成为超级个体，想要学习小而美创业，学私域，欢迎来加我的微信，围观我的朋友圈或者来关注我的视频号、公众号，我每天都会发5条真实创业干货。"这块还可以提前设计一份见面礼，更好地引导大家关注。

这四句话，第一句话要响亮，让别人一下子记住你。我的第一句话就有很多关键信息，"11次创业""300好友到3000万私域""一年最高变现6个亿"。

后面第二句话是我的差异点，我是从操盘手转型成了创始人IP，这其实是我一个很大的差异点。可以让别人觉得，我既懂得操盘，又懂得如何做IP，而且都拿到了结果。

第三句话是真实的一句话，前面说了这么多，讲了差异，有些人可能就会怀疑你是不是说大话。那么这个时候，你就有必要做一个解释，把你具体做过的案例、拿到的结果列出来，让大家觉得既在意料之外，又在情理之中。

最后是贡献价值的一句话，让大家主动想要链接你，随时随地把流量变成私域。总结一下：响亮、差异、真实、价值。

四句话，对应四个关键词。IP描述在抖音、视频号的描述逻辑跟自我介绍差不多，但因为长度有限，所以要更多地用短句列出关键信息。比如，厂长视频号的IP描述就是：

"从300好友做到3000万私域，11次连续创业，星辰教育CEO，福布斯30U30，旗下子品牌：轻课、趣课多、潘多拉英语、极光单词、清新冥想等。"

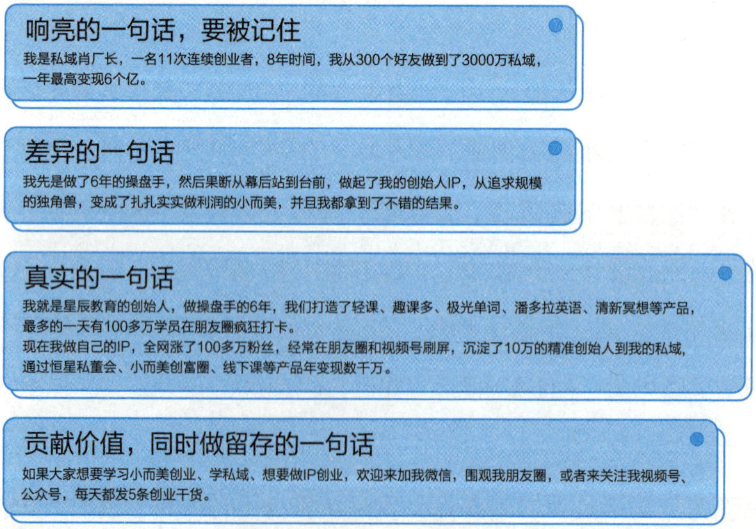

响亮的一句话，要被记住
我是私域肖厂长，一名11次连续创业者，8年时间，我从300个好友做到了3000万私域，一年最高变现6个亿。

差异的一句话
我先是做了6年的操盘手，然后果断从幕后站到台前，做起了我的创始人IP，从追求规模的独角兽，变成了扎扎实实做利润的小而美，并且我都拿到了不错的结果。

真实的一句话
我就是星辰教育的创始人，做操盘手的6年，我们打造了轻课、趣课多、极光单词、潘多拉英语、清新冥想等产品，最多的一天有100多万学员在朋友圈疯狂打卡。
现在我做自己的IP，全网涨了100多万粉丝，经常在朋友圈和视频号刷屏，沉淀了10万的精准创始人到我的私域，通过恒星私董会、小而美创富圈、线下课等产品年变现数千万。

贡献价值，同时做留存的一句话
如果大家想要学习小而美创业、学私域、想要做IP创业，欢迎来加我微信，围观我朋友圈，或者来关注我视频号、公众号，每天都发5条创业干货。

图1-2 自我介绍的四句话

在IP描述的时候，我们一定要让大家感觉到稀缺和好记，而实现这个目标的方法有两个，一个是数字，另一个是借势。

刚刚介绍当中的"3000万私域""一年变现6个亿""创业8年""IP变现数千万"，这些数字就非常好记，而且能够体现稀缺感，因为拥有这样数字的人并不多。

借势这方面，主要是把自己的经历与大家熟知的概念相结合。比如厂长拿到的"福布斯精英"称号，有的时候我也会说"我26岁就拿了经纬中国和腾讯的3300万投资"。

我的私董教演讲，也会强调他是中欧和长江同时邀请的演讲教练，或者华为、格力花30万邀请的演讲教练，这就是借势。

通过数字和借势来为我们的专业背书，让潜在客户觉得稀缺，也比较容易记住，在他们心中投下专业锚。

3.IP标签

打造IP的本质就是打造标签，而打造标签的方式就是通过不断重复让大家记住。打造标签的方式有四种，分别是**专业锚**、**视觉锤**、**文字钉**和**行动枪**。

我们前面的IP名，以及IP的自我介绍，其实都是在不断地给IP贴上**专业锚**的标签，从而让大家更好地记住你。专业锚的打造靠两类标签，一类是你的专业，比如你干私域多久，拿到了什么结果。

另一类就是你的使命愿景，如果你的时间够多，还可以在自我介绍当中加上你为什么出发，愿景是什么。比如，我经常会讲的一个故事，为什么想要教大家做超级个体这种小而美创业，就是我为了追求把公司做大，为了让公司融资上市，差点儿把公司运营倒闭。后来我自己做IP创业之后，发现这才是稳当能有利润的创业。我们公司活了下来，且已成立8年之久，我们一直累积私域。现在我做创始人IP，也在不断累计私域，做私域是超级个体创业和个人IP创业的终点。

我希望每一位创业者都能够懂得做私域、做IP，能够跟厂长一样穿越周期，活得长而且活得久，这就是厂长的初心和使命。

讲使命、愿景也是可以体现专业以及情怀的一种方式，非常能够影响人。最有名的莫过于埃隆·马斯克的使命：要送人类上火星。

打造标签的第二种方式是**视觉锤**，其实就是视觉IP。你的微信头像、抖音头像、视频号头像、穿的衣服、背景颜色都会让人形成标签记忆，其中最典型的就是乔布斯——每次开发布会都会穿同样的一套衣服。

大家做IP，一定要拍一套专业的IP照、大头照，并且持续使用它们，让大家反复看到你的形象，记住你的形象，形成你独有的视觉锤。

打造标签的第三种方式是**文字钉**。每个IP都要有一套自己的话语体系，俗称IP的黑话。一些名人有非常强的IP个人标签，比如混沌李善友经常会说"Beautiful（出色的），Amazing（令人惊奇的），Amazingly Beautiful"；金星经常说"完美"；一些商业IP也是如此，如李一舟经常说"教你一个黑科技"，波波来了的"送你一份见面礼"。

这些都是IP的金句、文字钉，他们的话语体系像钉子一样扎进了你的脑海。

打造标签的第四种方式是**行动枪**。通过自己的一些壮举、社交关系，来强化自己的人设。比如，厂长在最开始做IP的时候，做了个100天日更视频号的小壮举；再比如，很多人都会在私域视频号搞一次8小时、12小时，甚至24小时的超长连麦，这也算是一个壮举行动。制造话题，吸引关注，进一步强化人设，让大家深深地记住你。

4.IP内容

IP输出的内容最好是跟你的专业、人设相关，做到有价值、有传播力。当下，你拍短视频、做直播、写文章、做演讲、写朋友圈都是做内容的一些形式，本书会在第六剑"一条高产、爆款的内容生产线"这个部分，系统地展开讲述这些。

再次回到第二剑开始的那个总结：你自己能够专业，只是做IP的敲门砖，只是万里长征的第一步，让更多人知道你、认可你才是我们IP创业的王道。

第三剑：一个容易变现的赛道定位

第三剑，一个容易变现的赛道定位，这里的"定位"主要指的是商业模式定位。

一、为什么赛道和商业模式如此重要

厂长跟恒星私董做一对一咨询，特别是定位咨询的时候，一般流程都是这样：让对方先说自己的故事、创业或者职场经历。这样我可以有个大致的了解。接下来，让对方讲述自己想做什么，以及每个想做的方向有什么专业背书。

如果对方有五个方向，我会结合自己对市场的理解，给对方分析每个方向的商业模式究竟好不好做、是否容易变现，然后给对方找到一个最容易变现的模式。定好之后，再教对方如何一步一步冷启动。

前两剑，更多是完成IP本身特质的梳理，你的故事、你的专业、你喜欢的东西以及你擅长的东西，这是做IP创业的前提。大部分人喜欢和擅长的东西，并不仅仅局限在一个领域，比如厂长。

我有很多喜欢的领域：我爱学习、喜欢社交、喜欢看书，研究管理、商业模式，还喜欢琢磨流量，以及写作和直播。但如果你要做一个年利润超过千万的超级个体，你就必须做垂直，特别是刚刚开始的时候。

这个垂直是市场的垂直，是商业模式的垂直。比如你教演讲，也有很多商业模式。

商业模式是2B的话，你的客户可以是公司企业端，直接承接大公司的内部演讲培训，或者承包某个公司的重要演讲打磨。进一步细分，你还可以只接特定行业的客户，比如只做高科技互联网企业的年会演讲。

商业模式是2C的话，你就需要做标准化产品批量交付，客户可以是大学生，教大学生演讲辩论，如何拿到高校杯的冠军等；还可以教职场新人；还可以定位在CEO教练，教中小老板如何做演讲。

目前，我团队的小伙伴在做一件特别厉害的事情，集中全部的操盘手和分析师一起打磨、梳理一个智库，我把这称作"IP创业108赛道库"。

市面上可能有1000多个非常细分的赛道，但真正刚需，能够产生高利润的只占30％。比如，教大学生演讲并不是一个好的赛道。因为大学生的付费能力低，需求也比较弱。而教CEO演讲，就是一个好赛道，因为需求很强，CEO付费能力也强，而且每个CEO背后，有很多潜在有需求的CEO客户。

我会找到适合IP创业的108个极度细分的赛道。每个赛道都可能会在未来的5—10年，逐渐诞生20—30个超级个体，整个市场300多个细分赛道，未来会出现1万多个超级个体。

厂长的目标，就是梳理好108个容易变现的赛道库，然后逐步填充每个赛道库的厉害典型的案例，目前案例库也正在持续更新中。

在每次一对一咨询当中，我会明确地告诉我的客户，你选的五个方向，哪些方向特别好变现，哪些方向选了就是错的，怎么努力都不可能变现。把方向定好之后，告诉对方你有哪些可以对标的IP，他们分别是什么商业模式，以及你的类似行业有哪些IP，那些行业有哪些不错的商业模式可以借鉴。

关于赛道定位，大部分新手创业者其实都不太能理解。他们问的最多的一个问题就是："究竟是选自己最擅长的，还是最喜欢的，抑或是选最容易变现的？"

不同人有不同的答案，作为厂长，我一定会选择最容易变现的。因为前两个都是主观因素，而赛道是否容易变现，是客观因素。

有一本哲学书，叫《学哲学，用哲学》，书里有一句话特别经典：

"人们成功或胜利，原因是多方面的，但从哲学上讲就是一条，即主观思想自觉或不自觉地符合于客观规律。人们犯错误的原因也是多方面的，但从哲学上讲，根本原因也是一条，就是主观思想不符合客观实际，违背实事求是的原则。"

这句话对我启发很大，再加上我并不是一个特别以自我为导向的人，也就是并不是爱一行才干一行，而是干一行就会爱一行。

所以，我在失败很多次后都会先思考：这个赛道、这个商业模式是否好变现？人群是否优质？需求强不强？商业模式能否有飞轮效应？把这些问题思考好，找到能变现的几个赛道，再看我的专业背书在哪个赛道最强，同时也能够有非常好的故事。

二、如何找到一个好的商业模式定位

厂长有一个商业模式六要素模型，一句话就让你透彻理解商业模式，并且帮你分辨什么是好的商业模式。

一句话的商业描述，就是：做什么行业市场，面向什么人群，什么需求，结合自身的什么优势，通过什么渠道接触客户，并对其销售什么价格的什么产品。

厂长拿自己IP的商业模式举个例子，我们做教育培训行业是面向以中小企业为主的创业人群，针对他们的学习、破圈、定位等需求，结合我多年创业拿到结果、擅长做创始人IP、会低成本持续获客，通过公域、私域接触客户，并对其销售数千元价位的创业课程，以及数万元价位的私董会产品，帮助客户少走弯路，成功创业，赚到大钱，成就客户的梦想。

这里头一共有6个要素，分别是：**行业市场、人群需求、团队优势、获客渠道、价格定位、产品类型。**

1.行业市场

一个好的行业市场主要看三个数字：规模、增速，以及拥挤度。

市场规模决定了天花板，也就是你能做多大。比如读书听书这个市场，人群广，需求非常大，所以樊登读书就可以做成一个10亿收入量级的公司。

市场增速其实更加重要，因为高速增长的市场意味大量的机会。比如家庭教育这个市场，在双减之后，就增长非常快。

市场规模、增速这两个数字肯定是越大越好，但是如果这个赛道强者如林，也就是拥挤度很高，肉眼可见的有比你强得多的对手。不管是资金体量、团队背景，还是目前的公司实力，如果你们切的是同一个细分市场，在一个战场战斗，对方跟你有好几个数量级的优势，那么厂长劝你还是先行放弃，换一个细分市场。

创业最讲究先胜而后战，竞争最激烈的其实是商业IP，这个赛道非常大，但是非常内卷，已经有非常多很厉害的IP。

你很强，但是前50名都比你强，而且他们的成长速度比你还快。如果你刚起步，怎么进前50名，怎么超过他们挣到钱，这就是赛道拥挤度。

我们所说的蓝海市场就是规模大、增速快，同时赛道拥挤度低的市场。但是一般具备这三者的市场很少，即使有也都是巨头的兵家必争之地。

做IP创业大概率要舍弃规模，去找到增速快、赛道拥挤度低的细分市场，足够细，足够垂直。比如做本地IP或者做一个细分人群的细分需求，这样才有可能存活下来。

2.人群需求

在实操中，很多人找市场的时候都是茫然不知所措、找不到方向的。因为每个人都活在自己的信息茧房、社交茧房当中，如果你对一类人不了解，你是不可能针对这类人群开展商业行为的。

怎么办？厂长这里有三个小技巧。

第一个是把自己带入用户。

很多创业者创业都是因为自己在生活和工作中碰到什么问题，自己想要解决时发现，原来一大批人有类似的问题。

第二个是从身边人入手。

从你的家人、朋友、客户、供应商入手，挖掘他们的真实需求，将其作为细分市场。人都活在信息茧房中，有真实的人在你身边，你对他们足够了解才能够挖掘他们的需求，并解决他们的问题。

所以，身边人的需求往往是很多人创业选择的人群方向。

第三个比较适用有一定积累的创业者，就是**对标竞品**。

你看看你的对手在干什么，他们为什么推出一个新品牌，是不是发现了什么机会，要不要在这一点上全部押上。阿里看亚马逊做云服务，于是自己也做云服务，成功了；腾讯看阿里做了盒马，于是自己也入股永辉超市，京东也搞了七鲜。

当然，这些都是大家比较熟知的品牌案例，在IP创业当中，类似的案例更多。对于有一定积累，有一定体量的创业者而言，观察对手、直接抄作业，也是商业上的重要手段。

商业其实是一场开卷考试，越早领悟这个道理，你就可以越早避免走弯路。

当然，如果你实在找不到好的细分人群，或者不会分析这个人群的需求好不好做时，也可以去找前辈做一对一咨询。过来人的一句话就可以让你少走很多弯路、节省很多学费。

3.团队优势

这里包括两个层面，第一是创始人，也就是IP本人的核心优势。这块跟我们的第一、第二剑，特别是第二剑——"一份稀缺好记的专业背书"有关，这里就不做展开。

第二是IP本人能否搭建一个全面的团队，来补足创业需要的各项能力。而核心是能否找到一位极其靠谱的操盘手，这块内容会在第四剑展开。

4.获客渠道

目前IP创业的主流获客渠道是通过内容获客，少部分团队较强的IP还会通过投放获客。

更早的微商团队会通过代理分销来开展业务，也就是我们俗称的裂变。但这一套以前可以操作，现在基本搞不动了。IP需要找操盘手，其实也跟IP创业的获客渠道属性有关，这部分内容会在第四剑当中详细展开。

5.定价定位

定价从某种意义上来说，是决定IP创业成功与否的关键要素。大部分失败的IP创业，都是一上来先做流量，不管怎么样，总觉得流量不够。

有了流量之后就想着做个漏斗，先用个低单价产品把用户框起来、存起来。做个9.9元，或者99元的产品，让大家待在我的蓄水池里。然后再做一个千元产品，再做一个万元产品，一层层地导流，这样会很稳。

这是你的设想，但现实是什么？一上来做流量，90％的IP创业者折腾了半年都没有把流量做起来，剩下10％做起来了，但因为先做低单价，结果做得累死累活才发现，低单价的客户太难缠了。

低单价客户总是期待低投入高回报，希望付99元就能有人帮助他们解决全部问题，但由于其自身执行力较差，结果只能是消耗IP过多精力却一无所获。

再者，如果其中有1%的IP转向高客单，并发现买家并非之前已经消费过的客户，而是一批更高质量的客户，就此下定决心不再做低客单。那么利用低单价产品框用户的半年就白白浪费了。

所以，关于产品这块一定要优先考虑定价，特别是拳头产品、核心产品，因为你有什么定价，就有什么客户，是高端的、中端的，还是大众客户。

你有什么定价，就会倒逼自己怎么做产品，怎么来做价值创新，让用户愿意支付这个价格。

你有什么定价，就自然而然能找到你的战场，还有对标竞品。

这就是先定价，再定品，最后定天下！

另外，对于IP创业者来说，究竟是做高位定价，还是做低位定价？我推荐95％的创业者做高位定价，除非你已经验证了你自己擅长做流量，否则我不推荐你做低客单产品。

我把成功的IP分为两类，第一类是产品型IP，第二类是流量型IP。

产品型IP只拥有市场上5％的流量，但是可以创造70％的利润。他们有个共同特点，就是主力产品的客单价高，而且成功率很高。

流量型IP拥有市面上95％的流量，但是他们的利润总额并不高。你可能会心生疑问：我们看到的大部分流量IP都超级挣钱，这里是不是搞错了？其实，虽然他们的利润总额不高，但能成为流量型IP的人极少。所以，单个流量IP的收入利润非常高。

你可能又会问，既然他们单个人的收入利润高，你为什么不推荐我做呢？

因为成功率太低了，可能不到百分之一。你看到的都是成功案例，大部分都集中在抖音，数据都是公开可查，可"一将功成万骨枯"，你没有看到背后有大量的失败案例。

而且流量型IP的更迭非常快，壁垒也很低，同时流量型IP还有个非常大的漏洞，就是容易口碑崩盘、人设崩塌，只要有一个小黑料，就会被竞争对手放大，成为攻击你的利刃。

在商业IP这个领域，我就见过两个超级大IP，一个是因为内容抄袭，另一个是因为无心攻击了一个行业前辈，最后都被对方疯狂诋毁、语言攻击，不仅人设崩塌，连赚到的钱都可能要退掉大部分。

所以，除非你已经验证了你可以稳定获取大量流量，否则，厂长只推荐你做高客单，做产品型IP。产品型IP有壁垒，成功率更高，客户更优质，而且也能扎扎实实赚到钱，你花足够多的时间做交付，就会走向一个正向飞轮。而且高客单的成交转化主要在私域，成交数据也都非公开，别人不知道你的真实营收和利润。

流量型IP表面上看，一次直播就可以挣很多钱，但这种IP是需要花大量的时间来做流量的，根本没有时间来做交付，也一刻都不能停歇。一旦停下来，收入下降，就会非常难受。

而做产品型IP的核心，就是要做高位定价，做高价值的人设，你可以不用做太多流量。只要你做好履约，建立好品牌和壁垒，并且掌握一些私域运营的技巧，你就可以持续成为超级个体。

6.产品类型

定价，定品，定天下。

当我们确定好产品的定价后，就要思考你应该做什么类型的产品，能够匹配得上你的这个相对比较高位的定价。

关于产品，一共有5种类型，分别是**利润品、引流品、形象品、渠道品和活动品**。

利润品是最重要的产品，如果一个商业模式只有一种产品，那就是利润品；如果你现在的资金只能做一个产品，那一定是先做利润品；如果说你的商业模式跑通了，那也一定是利润品跑通的。

我们称之为PMF（Product Market Fit产品适合市场），PMF的含义就是客户为利润品付费，有转化率，并且不发生退费，对利润品给予好评。

利润品也称为核心产品、尖刀产品、爆品、主打产品，是每个创业者都应该花最多时间去打磨、去优化、去反复迭代的产品。

厂长IP的产品体系当中,有一个主打利润品,就是"恒星私董会"。这个产品是厂长花最多时间经营的产品,也是贡献主要营收的产品。

到现在为止,我们的私董会权益已经根据私董们的需求,做过很多次的迭代优化,已经成为超级个体高手的聚集地。

引流品,顾名思义就是给利润品贡献流量的。

比如一个餐饮门店,每天在门口放特价菜的招牌,吸引大家过去之后,顾客肯定不光点一个特价菜,还会点一些其他的菜,这些菜就是上面提到的利润品。这样两者相互配合,跑通商业闭环。

厂长IP产品体系当中,书就是厂长的引流品。我经常在我的私域朋友圈当中送书,一送就是1万本,而且每年我都会出一本新书,每年免费都送1万本,作为我的私域朋友圈好友福利。

如果你还不是我的朋友圈好友,可以加一下我的微信,在我的公众号后台回复关键词"加厂长"即可。

我计划之后每年都送1万本,只要是我的私域好友就有机会,不花钱就能抢到。

另外，我的书还有很多销售渠道，如京东、当当、天猫、线下书店、机场等。我也会在我的书里加上引流的钩子和二维码，每天都会有大量创业者因为这个二维码加我的微信，这就是我的引流品。

形象品，就好比一个城市的形象工程，可能买的人很少，但是可以做到很好的品牌拉升作用，为利润品做价格锚点。比如说，要把一瓶199元的红酒变成最热销的酒，你只需要在旁边加上一瓶1999元的红酒，大部分客户就会觉得199元很便宜，1999元的红酒就是形象品。

厂长还有一个产品是19.8万元，外加30％利润分成的商业IP全案代运营。我和好几个IP有这个产品上的合作，也帮IP做了数千万的GMV。这种合作非常耗费精力，所以都是我们团队的操盘手做日常交付，我来把控大的方向和打磨重要的SOP。

这个产品带有两个属性，一个是利润属性，因为能够给公司带来不错的利润，另一个是形象属性，能够拉高IP的势能。

但这个产品，也不是任何人都可以购买，因为我们要投入大量的精力和成本。如果IP不行的话，我们会亏本。所以我们很挑IP，这是一个双向选择。

渠道品，这是厂长新创的一个名词，顾名思义，买了这种产品的自动成为你的渠道，本质上就是代理加盟或者合伙人。这种产品微商用的非常厉害，一般单价都很高。

譬如一盒200元的面膜，你一次性买1000盒，原价20万，给你3折的折扣，只要6万就可以买到。当你付费后，你自己卖出去，一般都得按照市场统一价，也就是200元进行销售。如果你可以全部卖出去，那么你就挣了14万。

这种渠道型产品有利有弊，好处就是在于可以快速回流现金，而且可以把客户变成渠道，把客户变成合伙人，超级销售应该是天底下所有老板的梦想。

而这种产品的弊端在于，如果大量的人购买了渠道型产品，成为代理或者加盟，但最后大部分人都没卖出去，比如产品有一些质量问题，或者产品定位不吸引人，没有竞争力，甚至有更强势的产品出现，导致产品没有终端动销，货都压在代理手里，这就会成为一颗颗会爆的雷。

表面上风险已经转嫁，可最后你很有可能要面对来自集体的要求退货，或者代理去举报、闹事、发布负面消息。

大部分的创业新手面对短期内现金的大量回流，很难控制得住欲望把钱都保留在公司账上。如果真的闹事，同时你账上没钱无力退货，就会暴雷。

所以渠道型产品，或者通俗意义上所说的代理加盟是一个双刃剑，既可以让你的产品加速占领市场，也可以让你的创业走向不归路。

厂长现在还没有做渠道型产品，没有收徒弟、收合伙人，也是想要稳扎稳打，不追求速度，而是追求质量和口碑。对未来越有信心，对当下越有耐心，我的恒星私董会，Slogan（价值观）就是"恒心者恒产"。

活动品，顾名思义，主要就是用于做活动的产品。这个概念主要针对实物商品用得多一些，可能是为了清库存，也可能是为了冲销量，还有可能是为了让潜在客户体验我们的产品。

在思考商业模式、战略定位，我们默认描述的就是"利润品"，其他的产品都是围绕利润品来搭建。利润品也称为"核心产品"，是一个企业最为重要的产品，也是这个企业，创始人本人最应该花时间、花精力来构建壁垒的产品。

利润品的利润有多高，为什么客户不买别人的而是只买你的，就取决于这个产品的壁垒有多高，不管是技术壁垒、品牌壁垒，还是成本壁垒，很多企业的衰亡就来自于利润品的衰亡。

应该怎么来搭建产品体系？创业者前期一定要做利润品，先尽快跑通利润品的商业模式；然后再通过引流品引流，增加信任；做形象品来增加势能，促进转化；最后通过渠道品进一步拓宽销售网络，扩充渠道来源，以及时不时搞一些活动品，逢年过节来一波促销。

送你个圈子里的金句：

先做流量，围绕流量做产品，变现很困难；
先做产品，围绕产品做流量，变现很简单。

怎么做利润品，会在第五剑，一个高利润的长销尖刀品中展开来讲。

厂长的课，有个最重要的特点，就是体系化。它们不是一个个分散的点，而是一个前后逻辑非常清晰、非常科学的体系。

这不仅是我多年创业的经验，也是我每年花好几个月备课、写书、录制课程的成果。我的梦想是做一门可以卖十年二十年的课，也就是希望在十年、二十年以后，我的逻辑体系依然能够适用。

三、什么是IP定位黄金圈

每个IP都最为关心的一个问题：怎么做IP定位？

有一个口诀：喜欢、擅长、易变现。

做IP定位，本质上就是在找这三者的交集，你把你喜欢的事情画一个圈，擅长的事情画一个圈，以及易变现的事情画一个圈。

这三个圈的交集，就是IP定位的黄金圈，分别对应的是，你的初心、你的背书以及你的赛道和商业模式。

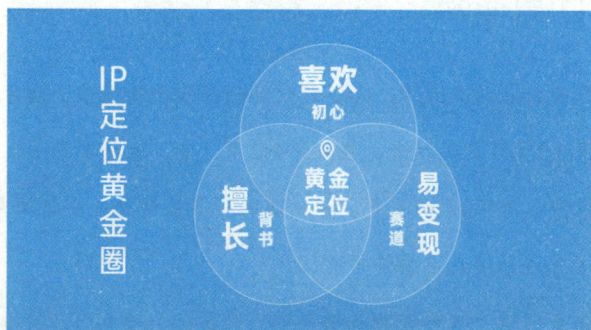

图1-3 IP定位黄金圈

这三个圈我更看重第三个，也就是是否容易变现。

为什么？其他两个圈都是主观，或者可以通过人为来改变，但易变现这个圈，是最为客观的，并不以人的主观意志为转移。

找到一个刚需、高消费能力的人群，选择一个不那么拥挤、增速非常快，同时足够细分的市场。然后针对这个人群，推出一个高客单的产品，拼了命做交付，做客户价值；从客户的好评中，收获更多的肯定，让自己有故事，有客户成功案例；同时持续修炼自己的能力，让更多潜在客户知道你的专业。

这，就是一个超级个体的最佳养成路径。

超级个体案例 ◆◆

📓 陈柏龄：门店老板做IP的定位、思路与方法论

陈柏龄是健身行业的头部IP，10年前就开始在知乎和微信公众号等平台做图文类的科普，积累了200万的关注者，在知乎4亿用户中，巅峰时期关注量总排名在第18名，现在也维持在前100名的水平。他出版的《量化健身》书籍销量10万+册，豆瓣评分8.8分，长期在体育类书籍榜单前10。

陈柏龄是垂直领域非常典型的超级个体，他在一个领域内钻研很深；无论是线下门店、运动赛事、行业论坛，还是健身从业者商业社群，他都有涉及，而且每项在行业内都做得很好。

我和陈柏龄是以书相识，以书相知，以书相交。2021年的时候，陈柏龄看了厂长的《肖逸群的创业手记》，觉得非常靠谱，立刻加入了厂长的私董会；后来，我发现陈柏龄是很善于自我总结的人，他在内容创作、个人IP建设、线下门店引流上都有非常完整的方法论，两次私董会的线下活动和两次线上连麦直播都和他有深度交流。

陈柏龄是一个不缺流量的创业者，他的线下门店在过去7年的时间全部是靠他的个人IP引流。

但他对实体门店老板做个人IP这件事情持有审慎态度。他认为线下实体门店要采用个人IP的形式引流，要分情况讨论，一种是单店或者小连锁门店的体量，一种是10家以上连锁门店的体量。

接下来我们来看看陈柏龄在垂直领域的IP方法论和线下门店流量上的理解。

01 用100个问题打穿一个垂直行业

陈柏龄认为，做个人IP不需要关注过多技术层面的玩法，而应该认认真真解决实际社会问题。

只要在不同渠道内，去向公众解答这个领域最核心关键的100个问题，你就一定能够收获大量的关注。这些解答的问题，会成为非常重要的个人信用资产，持续发酵，穿越周期。比如陈柏龄在几年前，甚至十年前的内容，至今仍在给他带来信任背书和流量，仍然很多人看。很多人给他留言，说他改变了自己的身体和生活。

华与华说做公司是占据社会的一个生态位，陈柏龄认为，做IP也是占据行业的一个生态位，成为一个行业的超级个体和顶流IP，要解决的是整个行业内的某个生态位上的问题。

如何解决？陈柏龄的方案是：建立一整套的知识体系，为这套知识体系填充方法论、案例，并不断答疑完善，然后这套方法论就能够持续为你带来源源不断的流量。

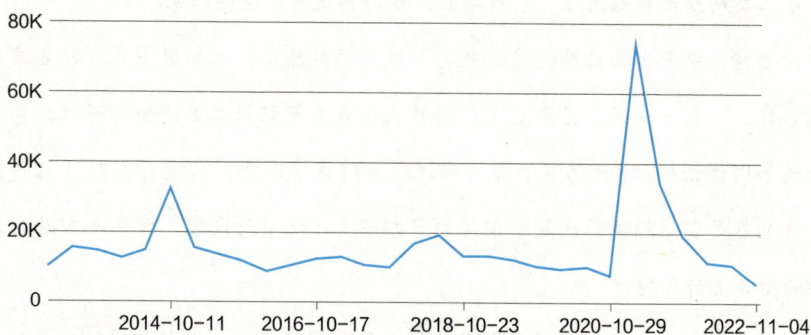

图1-4 陈柏龄知乎平台的后端数据（在没有内容更新的情况下，10年来，每日都能有至少1.5万的精准长尾流量，非常稳定）

那么这100个问题如何找呢？基于过往10年的经验，陈柏龄总结了三个非常容易的操作方法：

第一类问题是教科书问题。教科书问题是属于底层原理性的内容。看的人可能不多，但是它的好处是形成专家身份。

如果你是健身博主的话，教科书问题指的就是减脂的生理学原理是什么，增肌的生理学原理是什么，这些都是底层逻辑；如果你是酒类专家，你可以讲酒里面有哪些元素，酒是如何生产的，然后为什么它卖这么贵，这是底层逻辑；如果你是做美妆的，你就要讲化妆品里面有哪些化学成分，对皮肤怎么样，这是底层逻辑。

第二类问题叫作小白问题，陈柏龄也把它叫弱智问题。

这类问题属于对专业人士非常不友好，专业人士不屑回答，但流量很大，外行却很热衷于提问的问题。

举个例子，比如说健身中最常见的问题"健身房练出来的肌肉是不是死肌肉"，这个是专业人士都不太愿意去回答的问题，因为觉得很掉价；再比如说空姐或者模特这个圈子里面，就会问这个圈子是不是很乱，是不是有很多潜规则，这类问题对回答者不太友好。

第三类问题是实操问题。它针对的是如何实践落地获得结果。

比如健身中怎么去练胸、肩，我怎么做一顿健康餐；比如说买房，我看房子需要注意什么，交多少税，去哪里交；酒领域，我喝酒配什么菜，如何解酒；声音领域，我如何讲话1小时喉咙不干涩，演讲时如何声音洪亮，有没有立刻可见的技巧等。这些都是实操相关的问题，解决的是跟IP变现相关的内容，因为大家是会为了实操的结果去付费的。

这三种类型的问题里，教科书问题解决的是信任背书，小白问题解决的是流量曝光，实操问题解决的是后端产品转化和变现。

当你能够在某个渠道完成三个类型100个问题后，你的个人IP通常来说就能够有很高的延展度——你有专业性，又有流量，又有变现的可能。

02 实体门店老板做个人IP可以考虑的方向

陈柏龄自己有10年IP的经历，他认为很多实体门店老板做个人IP，没有算账，也没有分清楚主次。

线下门店的老板做个人IP通常有两个目的：一是增加门店的信任背书，二是为自己的门店和产品做引流转化。

如果是为了提高引流和转化，10家店以下的实体门店老板亲自做IP很可能最终会一地鸡毛。一是因为实体门店所需要的业务技能资源和做IP内容创作的业务技能资源几乎不重叠，老板亲自下场和组建团队来做这件事情消耗的时间精力太大，投入产出不如直接去采买付费流量；二是因为门店太少，线上的流量是全国各地的，未必能够垂直到你的门店里；三是团队服务能力有天花板，流量大了也很难完美承接。

陈柏龄说了一个真实数据：单个门店靠个人IP引流转化率应该是千分之一到千分之二，所有高于这个数值非常多的数据他都认为有水分（连锁门店除外）。他有200万的粉丝，7年多，真正到线下上课的健身者是2000人。他认为，一个巨大的IP或者有IP影响力的人来做线下场馆，如果只做成单店或者少量连锁门店非常吃亏，线上的流量和线下门店的业务是不对接的。

他认为，单店老板也可以做IP，但核心不是为了引流，核心是为了建立客户信任，提高成交率。从纯商业角度计算，如果有30家门店以上的时候，老板和员工做个人IP引流，才会形成非常好的效益。

所以如果实体门店老板来做个人IP，陈柏龄认为，以下的几种情况是合适的：

1.有30家以上的门店，能够负担得起专门的IP团队来制作内容，运营账号，流量来了也能接住；

2.做的是职业培训类的业务，全国的潜在受众都可以被吸引来参加培训，比如教练培训、厨师培训；

3.做的是加盟招商的业务，做个人IP的目的不是吸引C端消费者，而是吸引B端的同行和潜在的创业者加盟门店。

03 实体门店的流量逻辑

在实体门店的付费流量这一块，陈柏龄有一套很简单但洞察本质的算法。

他认为，实体门店的租金占收入的比例通常来说是20%—25%，最高不会超过30%，这不仅仅是租赁空间的费用，也是采买这个空间周围流量的费用。线下门店的租金中实际上已经包含了流量费用。

如果我的门店在线下占据了一个非常好的位置，租金很贵，占到总收入的20%—30%，但是有大量的流量进入门店，这时候就完全不用在意线上流量。过去几十年，传统的实体门店流量获取都采取这样的逻辑。

但反过来，如果我租赁在一个特别差的场地，租金低到只占总收入的5%，那我完全可以拿出15%—20%的费用去购买线上流量，无论是美团点评，还是抖音团购，或者是小红书达人推荐都行。只要总流量费用（租金+购买线上流量的费用）占比控制在20%—25%就好。未来几十年，实体门店获取流量的方式会变得更加综合。

🗒️ 王一九：个人IP赛道一单收费25万背后的秘密

千亿级别500强顾问，做商业IP私教，一单收费25万，他打造的超级案例，一场直播发售能让客户回款上百万，是常有的事情。他就是我的私董王一九。

王一九，是高端商业IP教练，一九咨询创始人，获得7套个人IP相关知识产权，专注研发高价值定位体系、裂变式发售体系，也是三本畅销书《从0到1打造个人品牌》《人人都能打造个人品牌》《从0到1写方案》的作者，曾任3家500强品牌顾问，暨南大学智库导师，深耕16年为百家企业做商业咨询，培养IP学员数千名。

在我2021年首次发售私董会的时候，他直接秒入；在我做深圳线下大课的时候，又是他鼎力支持，为我站台分享自己这些年做商业咨询的秘籍心法。

在2022年的4月份，我跟王一九老师做了一场直播连麦，深入探讨了关于他做商业私教年收入千万背后的经历与心法。

王一九老师早年创业经历可谓坎坷。

他上大学时，他的父母卖掉20头小猪才凑够了学费。他不舍昼夜地拼命读营销、管理、品牌等书籍，这样的经历在冥冥之中帮到了他。大学期间，他还兼职推销过电话，也跟同学合伙开过公司，后来因为资金链断裂，还背上了供应商上万元的欠款，大学毕业2年他才还清外债……

这些阅历也让他格外坚韧，2007年入职咨询公司之前，他在广告公司勤勤恳恳给大企业写过两年文案，为他日后的文案功底奠定了基础。

01 从500强品牌顾问，到知识付费领域

2009年，他投中了580万全年的品牌咨询标；2010年，写了一个方案，为客户提升了1.51亿元销售额，还增加了30万新客户；策划了张靓颖、许巍、周杰伦、丹尼尔斯等上百位明星活动方案；还策划了于丹、余世维、易中天等名师活动方案，做了上百场名人的个人IP传播策划，这些都为他日后做个人品牌私教奠定了良好的基础。

2017年，王一九老师在荔枝微课开了一门文案课，仅一年时间，直播间人气超过1000万，还有网易、腾讯课堂、MBA智库等40多家平台，纷纷要求签约这门课，在整个写方案类目做到了第一名。

有了一定影响力，商学院等机构也开始邀请王一九老师去做线下分享，他的收

入一下提升了百倍以上。

02　从1000私域做起，连续社群分享582天

2018年，王一九开始构建私域流量，最初仅仅有1000私域流量，他就在两个群内写"每日一问"，每天回答群友的问题。他一写就是582天。无论是过去做企业品牌咨询，还是现在做个人品牌咨询，王一九老师都是经过深入的沉淀和钻研的。

2018年的大年三十，他开启了第一期《个人品牌训练营》，一口气就开了10期，500强的总裁、投资公司CEO、电视台主持人等六个国家的学员都来参加。

经过两年多的摸索，一九老师提出了"轻创业"的理念。

轻创业，那就是打造个人IP，带动业务发展，无须太多投资，除了时间精力，几乎毫无风险，更重要的是，可以长久累积出复利效应。也帮助很多学员实现了轻创业。

03　单次发售收款几百万的超级案例，这样打造！

王一九老师自己一场发售能收几百万元，20多万元的年度私教课有很多人排队报名，而且还要审核，通过率大概只有20%。他一年只发售那么两三次，把大量的时间用来服务客户。

厂长就带大家来拆解一下，王一九老师怎样去打造一个超级案例，会给学员哪些建议，引导他们去做好自己的个人品牌以及百万发售场的直播。

首先，从高价值定位做起。

学员来做一对一的私教辅导，一九老师会先从定位梳理、产品规划入手，来给学员制定未来一年、五年的战略规划。

他说，高价值定位的关键，在于盘点能力圈、天赋、市场需求三个维度，找到每个人最大的优势。

今年4月，王一九老师辅导了至少7个学员完成了发售动作，并且纷纷都突破了100万的业绩。最高的学员发售当场突破了近550万业绩。

其次，极致化做好发售计划。

问到他为什么能让学员拿到如此骄人的成绩，王一九老师说，他在发售的辅导环节，还会做几个步骤：

选日子、定产品、定价格、制订详细的发售计划，一个计划就是一个月的时间，按照SOP文件来做。

关于千万量级以上的超级案例，他列举了一个学员的例子，厂长根据王一九老师的分享提炼出以下几点心得：

美妆电商板块的案例，3万私域一年3个亿。

做好企业的创始人IP，要提炼出自己的核心价值，一句话向外传播。这点对应本书前面提到的"一份稀缺好记的专业背书"。

打造影响力大事件，做好产品结构调整，留下核心大产品，砍掉小产品，增加利润品。就如前文提及的"一个高利润的长销尖刀品"。

做好私域流量，只留高端客户，3万私域流量1年做了3个亿。这里大家要明确，私域不一定是量大取胜，而是质优取胜。

以上都做到了，最后通过教育产品，增加和用户之间的黏性。

这些都是提高价值点的地方，客单价拉高了，同时收获了口碑和传播。所以一个高价值定位能否成功，除了看决策，还要看后面深度的规划和创意。

04 坚守"诚意正心、近悦远来"的理念

王一九老师常常在直播间分享"诚意正心"，这是《大学》里的一个词，只有坚持这一条，有诚意做好自己的产品，才能稳健经营，这个理念也被很多人接受了，今年9月份，他还专门花了一个半月的时间做了一个"百万人读《大学》活

动"，还邀请厂长作为联合发起人，厂长还专门录制短视频祝福。

"近悦远来"源自孔子的《论语》，意思是服务好身边的客户，远处的客户就会主动来。所以一九老师并没有花大量的时间去研究流量，而是花大量的时间去服务已经付费的客户。

除了"诚意正心、近悦远来、超级案例"，他还总结了一套九体系九大价值论，都是实践中总结出来，有很多人正在践行。

厂长之前经常说，最好的商业模式，就是交付即获客，最好的生意就是复购。所以给我的私董会和会员产品，都定下了"恒心者恒产"的价值观。

看到这里，你也会发现，这些拥有个人品牌影响力的超级个体，无一不是秉承长期主义，坚持做好复盘、著书沉淀、口碑传播，赋能他人。

📘 石榴叔：我亲身经历过的声音赛道三大商业模式

石榴叔在我的私董会可是一位红人。

石榴叔原名刘磊，酸石榴艺术培训中心的创始人，毕业于中央音乐学院声歌系，声音作品全网播放量破10亿，20年经营专注科学发声训练，是拥有"顶流IP学员"最多的声音教练。

石榴叔有一篇讲述自己逆袭之路的文章——《石榴叔：从放牛娃到千万IP声音导师，我的故事藏着你奋斗的身影！》。

我开始以为"放牛娃"也太夸张了，只是一个噱头吧。后来我深入了解才知道，真的是字面意义上的放牛娃。

石榴叔凭借自己的演唱天赋，初中时以特长生的身份进入了县重点高中，高考后，一路从保定师专考到中央音乐学院音乐表演专业。

毕业后考入武警文工团男声合唱团，在武警两年多，踏遍了全国的剧场，与无数国内顶级艺术家同台演出。

经过10年，考入了泉州歌舞剧团，担任独唱、主持人、演小品、说相声、小话剧、朗诵诗剧、儿童剧、歌剧、音乐剧，全剧种接触了一遍，多维度提升专业素养。

2015年石榴叔正式辞职创业，投身艺术教培领域，打造自己的教育品牌酸石榴。

我和石榴叔真正相识是在我的直播间中，有一次直播，我表达了想要科学练声的想法，石榴叔便在微信给我留言，说能够帮我解决声音问题。

我下播之后主动找了石榴叔，于是他为我做了私人声音定制练习方案。

经过一段时间的练习，我的嗓音有了明显的变化，长时间说话也不累了，不仅我自己能够感受到这种变化，很多直播间的观众、我的粉丝、我的私董们都发现了这一变化，纷纷来探究改变的原因，而我也顺其自然地将石榴叔推荐给了其他人，这样我们便熟络起来。

石榴叔是一个行动力很强的人，在业务遇到困境时，迅速决策，发展第二曲线，并取得了不错的成绩，下面我将带你详细了解。

01 第一曲线：少儿艺术培训中心

辞职创业后，石榴叔成立了自己的线下艺术培训中心酸石榴，主打声乐、语言、器乐等艺术课程，面向的是少儿群体。

作为频繁地出现在当地电视台、剧院的明星人物，石榴叔很快就取得了家长们的信任，并在泉州获得了不小的影响力，也让业务快速发展，少儿播音主持大班课的年利润也达到了60万+。

随着业务的稳定，石榴叔开始尝试扩展，在足够的影响力下，取得了凤凰卫视的信任，代理了由中国传媒大学和凤凰卫视主管的全国青少年语言艺术素质测评考级，也是泉州市唯一指定测评考级中心，凡参加考试且成绩合格者，还会颁发官方认证的证书。

权威的背书+业务垄断，为石榴叔的事业带来了另一波高潮，单业务年利润40万+。

除了线下的业务，在品牌成立之初，石榴叔就有意识地向线上发展、塑造IP，打造了酸石榴叔叔讲故事的自媒体矩阵，几年时间便积累了10w粉丝，这也为后续的业务埋下了伏笔。

02 第二曲线：创始人IP声音教练

新型冠状病毒肺炎这只"黑天鹅"改变了太多人的命运，突如其来地打破了所有人的节奏，本来努力了7年之久的线下业务，正如火如荼地发展，却被迫暂停。

于是，石榴叔毅然决定，收缩线下机构，将注意力转移到线上，而之前做的"酸石榴叔叔讲故事"的公众号体现出了它的价值，为石榴叔带来了一定的营收。

后来石榴叔加入了我的恒星私董会，在我的建议下，他也萌生出了发展第二曲线的想法：做创始人IP声音教练。

首先在定价上，石榴叔走的高单价19800元一对一服务的商业模式，面向的用户群体也是高净值用户，石榴叔独门的发声训练，也能够快速地帮助创始人和IP们拿到结果。

为什么要做高客单，我曾经在我的私董会里分享过。

最好的声音在哪里？十个字：小众、刚需、有钱人、重交付。

石榴叔就是这样，我从石榴叔这拿到结果之后，隔三差五就拉一个小群，说："这是我的声音教练石榴叔，想学声音找他吧。"就这样一个群、两个群、N个群……不断增加。

而这些小群里的IP和创始人们，也在持续地为石榴叔裂变更多的小群。

3月末，石榴叔做了一场8小时连麦直播，像我一样的IP创始人们纷纷为他站台，最终拿到了单场直播60万+（含长尾）的成绩。

03 第三曲线：直播间中的古诗文领读人

石榴叔在我的私董会看到了一条截图。

内容是关于当下很火的声音教学直播间，当截图分享出来，很快就引发了讨论，对直播间的特点、针对的用户需求、赛道前景等系统地分析起来。

经过一段时间的交流，私董们一致认为：这个项目很适合石榴叔。

受到截图和私董们建议的影响，在第二曲线的业务趋于稳定后，石榴叔再次出发，决定投入到抖音直播中，成为一个少儿必背古诗文的领读人。

短短7天的时间，场观就从300突破到了10万，直播间最高在线人数来到了5000+，爆炸式的增长也会为他的业务带来更多的可能性！

我做私董会的目的，就是希望把多年人脉资源、创业打法、精细化运营经验凝结在我的恒心私董会，解决IP学习、破圈的需求，提升私董的社交圈层和高价值信息密度，最终一起通往可持续数年的利润之路。

毕竟读万卷书不如行万里路，行万里路不如阅人无数，阅人无数不如高人指路，何况我的私董会里还有更多的高人在呢。

📓 王姐：升学规划赛道超高客单产品与商业模式

王姐加入我私董会的时间不长，但是业务的爆发增长却十分惊人。

王妍峰，大家都更习惯叫她王姐，北京人杰教育科技有限公司创始人，2—18岁升学规划开创者，十四五重点课题首席专家，教育部中国智慧工程研究会"升学规划指导师"项目首席专家，升学规划指导师的黄埔军校。

作为一个海淀妈妈，王姐帮助自己的孩子，从北京市的5000名提高到500名，轻松地进入北京市重点中学。

在这期间因为收到大量有关升学规划的咨询，她在40岁生日时，决定从国家单位处长裸辞，下海创业，开创了"2—18岁升学规划"这个崭新的职业。

那个年代，正是教培行业快速发展的时代，王姐曾经也开过一家K12教培机构，后来因为看到升学规划比给孩子上语数英更受家长的欢迎，就在2017年专心致志转做升学规划了。

后来的故事，相信你也知道，"双减"之后，没了课外班这个拐杖，家长和孩子们更迷茫了，所以升学规划就被更多的家长看到了，王姐的工作也更加忙碌了。

多年来，王姐为全国2—18岁的孩子家庭提供"升学规划""学霸孵化"和"升学陪跑"服务，已帮助10000+家庭成功升学，至尊卡学员省重点率100%，一学期提分50—300分。

我和王姐相识，是因为王姐的业务上有私域规划方面的需求，于是王姐果断成为我的恒星私董。而我了解完她的商业模式和做出的成绩后，果断把王姐加入《超级个体》的案例当中。

王姐的商业模式可以分为两大部分，"大C端"+"小B端"，在产品设计上极具针对性，取得了突出的业绩。

01　面向大C端家长和孩子的升学规划服务

根据人杰教育承办的国家十四五重点科研课题，王姐对孩子的升学系统地进行规划，从家庭系统评估、孩子优势评估、兴趣规划、学业规划、学科规划、学习力提升、心理能力提升等九大方面出发，全方位解决孩子的升学问题。

单次1v1升学评估的价格在4999元/40分钟，1v1家庭陪跑钻石卡单价12万，至尊卡50万，属于超高客单产品。在推出产品的第一年，王姐独自一人就做到了128万的业绩，第二年250万，第三年就做到了500万。

高业绩背后所反馈出来的是高需求，升学规划是每个孩子的刚需，为什么呢？

第一，升学路径规划

特长竞赛，强基计划，稀缺学校提前录取，市级统筹，1+3，自荐等，这些名词里面，往往蕴含着很多能够帮助孩子拿到优秀结果的信息。

在孩子升学这条路上，会努力是"标配"，会选择才是"决胜关键"。

第二，学习能力提升

家长往往心中会有一个特别"痛"的问题：为什么我家孩子课也没少补，但成绩就是上不去呢？

其实并不是因为孩子不聪明，而是孩子没有找到学习和考试的"规律"。

"学"是标配。

反思+总结+迎合规律才能拿到最好的结果。

第三，心理能量

抑郁、人际关系敏感、焦虑、偏执、不自信等这些心理维度的问题，会在很大程度上影响着孩子的学习意愿与学习成绩。

基于以上三点，王姐开创了这样一个崭新的行业，同时牢牢占据了用户的心智，成为升学规划第一品牌。

02　面向"小B端"的升学规划指导师

把C端做产品的一系列经验和经历转化为B端的流量和付费产品，这是王姐"小B端"产品"升学规划指导师"的来源。

人杰教育和教育部中国智慧工程研究会合作培养"升学规划指导师"，帮助喜欢或从事教育的朋友掌握一门刚需技能，服务万千升学家庭，产品的客单价在14999元。

目前培养出来的100多位升学规划指导师正在全国各地开展业务，今后3—5年，王姐的目标是：培养10000+升学规划指导师。

03　王姐的直播里程碑事件

作为升学规划的超级大IP，在进入我的私董会之后，王姐也开始了自己的视频号直播，以自己和合伙人主讲为主。

在2022年3月27日视频号的8小时直播中，创造了属于王姐的里程碑事件，单场8小时直播GMV达125.1万，服务了几十个家庭，而我作为这场直播的参与者，见证了这一历史。

访谈的最后，王姐提到："用更少的产品，创造更大的消费者剩余。"未来王姐也将继续走在她的升学之路上。

李舟安：职场高管转型深耕人力资源行业的超级个体

人生虽坎坷，但从未向命运低过头。

15岁被查出无症状白血病，小小年纪就吃病痛的苦、历经生死。他后来考名校，进大厂，出来自己创业，创立人力资源行业的头部品牌HRGO，带上万名HR学员。

最近几年，"个人IP"的大火，他又毅然站在台前做创始人IP，写书、写课、做直播、写公众号、拍短视频，凭借日积月累的口碑和专业实力，成为人力资源行业的头部IP。

到今天他创业8年了，一直深耕在人力资源行业，他就是我的私董，李舟安。

他从职场辞职，利用专业能力创业，一直深耕成为超级个体。在他身上，我找到了一些普通人如何爆发式成长、成为超级个体的规律。

01　职场精英的创业之路

李舟安毕业后就开始在头部企业做HR，因为不喜欢一成不变的生活，2013年从杭州辞职来到上海，进入朋友的一家管理咨询公司，开始做起了人力资源管理咨询项目。

2015年，正式出来创业，创立了人力资源品牌HRGO，做公开课、线上课，接企业内训，到各大公司去做线下培训，包括阿里、华为、京东等，创造单品2000万的业绩，到今天累计数万名HR学员了。

2020年，舟安又毅然站到台前做创始人IP，在专业能力的加持下，舟安开始了影响力的打造。就这样渐渐地越来越多公司知道HRGO，找舟安做企业内训课，也越来越多人报舟安的私房课、向他学习如何打造HR个人品牌。

酒香也怕巷子深！有能力的人太多了，但有影响力的人还是太少。只有走出去、被看见，才能发现更多机会。

02　C端：深耕人力垂直社群和线上系列课

李舟安2015年创业前，依靠自己在人力资源上的专业知识，在各种QQ社群给人解答人力资源问题，从一开始三五个人找他写人力方案，到后面他做出自己的人力课程，从0到1跑通了，然后批量售卖自己的时间。

2015年，创立HRGO人力资源品牌，开始做垂直社群和课程。

2020年年初，站到台前做创始人IP，两年时间成为头部IP，推出的个人品牌私房课，2599元/年，吸引了大量人力行业想打造个人品牌的职场高管。

一方面，之前做的HR垂直社群，为自己的创始人IP业务的起盘和拓展奠定了一定基础，另一方面创始人IP的势能和发展又反哺了公司的产品。

03　B端：为企业提供人力资源管理咨询及培训

为上市公司、中小企业提供人力资源管理咨询和培训服务，包括：人力资源方面的政策、制度、流程、方案及内部培训等，收费80—100万。

2020年年初，李舟安又从幕后操盘手依然站到台前做创始人IP，坚持拍短视频、做直播，跨圈做线上线下分享，这为他带来了许多优质客户。

一米宽，万米深！

持续深耕在一个赛道，从开始的C端业务，到有背书、有案例做B端业务，这是每一个超级个体的必经之路。

📓 伊嘉：创始人影像IP领域的超级个体

厦门首家也是目前唯一一家专注创始人IP的千平影像机构伊觅影像，它的创始人是我的私董——伊嘉。

伊嘉拥有13年品牌策划和编剧经验，在影视传媒行业与品牌策划领域拥有丰富实战经验，2018年创立厦门首家也是目前唯一一家专注创始人IP的千平影像机构，到2022年4年时间已服务全国26座城市，6000+创业者，是特步、奔驰等知名品牌与各大平台百万大v的合作方。

最近几年，传统的线下影像机构生存越来越艰难，越来越多的品牌转型切入到细分市场，比如"天真蓝"和"海马体"定位在职场证件照，还有定位在幼儿宝贝影像、婚纱影像、旅拍等的，越来越细分。

而伊嘉很早就专注在创始人影像IP领域了，当时市场对IP的概念了解还不是很深，她却清晰地给自己制定了三年IP打造规划，三年后成为影像里最懂商业，商业里最懂影像的IP。

于是她一边通过打造行业的标杆IP去拓展业务，勇敢站出来代言自己品牌的所有样片和视频，一边付费前往全国各地学习，线上线下分享创始人IP打造方法。

我和伊嘉就是在张大豆的豹变学院认识的，我们都是小六班的同学，后来她加入了我的恒星私董会，日常也会在私董群分享关于影像行业的最新认知、品牌打造，在2022年9月份，我还特意飞到厦门去她那拍了一套创始人IP形象片和形象照，非常专业，影像质感和服务体验都很好，本书的封面就是她的团队拍的。

接下来，我会带你拆解分析伊嘉的商业模式，这对目前经营影像机构或者将来做IP入局影像赛道的创始人，都有非常强的学习借鉴意义。

01 涅槃重生，扎进影像IP打造

2018年伊嘉在创业前不幸遭遇了一场毁容，还背负着债务，当时在身体和经济双重打击下，她毅然开启了创业，凭借着10多年的影像编剧、制片经验，一头扎进创始人影像IP领域里，无法开展线下拓客情况反向成就了她线上IP的影响力。

就这样，2018年5月，伊嘉做了第一场发售，并且通过IP打造迅速突破百万营业额，在一年时间内就拥有了全国各地的客户。

不得不说，伊嘉的定位做得好。

第一，选了一个蓝海赛道

目前伊觅影像是行业里为数不多能给客户提供高维精准商业定位梳理后，再者呈现影像的机构，和普通的影像机构早已拉开了不同赛道的竞争。

第二，创始人影像，天然有转介绍，裂变比普通影像更强

相比婚纱、亲子、孕妇照这些传统影像，创始人IP则自带高频高消高转介绍。我9月份去拍了一套，我的朋友圈好友、我的私董看到我的照片，最近有需求的都过来问我哪里拍的，我直接给伊嘉拉了好几个群对接。

02 深耕影像IP，提供一站式服务

从一开始888元一套照片，到现在最高收费36万元的IP影像打造。伊嘉凭什么能收这么高的客单价，就是因为她深耕在创始人IP影像中，搭建了自己的产品体系，围绕创业者的不同需求设置了从低到高不同价位。

在产品迭代延伸上，伊嘉都做了很好的规划，这些年来，她通过打造IP、付费进入各种高端圈子、做行业标杆案例，迅速拓展了她的业务，她服务过的客户为她带来了非常多的转介绍和口碑裂变。

就这样，伊觅影像经过4年时间，服务了全国26座城市的6000+创业者，助力年度客户月营收破360万，拥有全国上百家加盟商，单场招商会营收破千万，更与特步、奔驰等知名品牌以及各大平台百万大V达成合作。

总结下来，要想成为超级个体并拿到结果，必须在自己的行业领域有多年的积累，或者选一个赛道持续深耕下去，坚信：专业能力才是一个IP穿越商业周期的底气。

Two

2.

第 2 篇　产品与团队

第四剑：一位极其靠谱的操盘手

此篇，我们开启产品与团队篇，讲解"独孤九剑"的第四剑和第五剑。厂长先从一位极其靠谱的操盘手开始。

一、IP为什么需要找操盘手

1.IP的时间精力

这是一个最不可避免的原因。

当一个IP开始创业，并且梳理好了自己的产品体系，完成了商业闭环后，他需要花大量的时间做两件事：

第一，生产内容来获取流量。这一点特别是对于流量型IP来说更为重要，因为一旦停止流量的获取，销售额立即会断崖式下跌。我所知道的顶流IP，比如刘媛媛、大蓝，他们每天都要花8个小时以上来拍短视频，做直播，其间一刻也不能停歇。不仅要总结干货，还要释放情绪价值，对IP本人的脑力和时间消耗都非常大。

IP要做的另一件事就是交付履约，如果是电商IP还好，可以有选品团队，或者供应链团队来分担。

据我所知，很多负责任的电商主播IP也是会参与到选品的环节当中。知识IP或者专家IP还需要花时间录制课程，做咨询，做方案设计，做线下大课，甚至做陪跑等。

这些交付都极其占用IP的时间，尽管流量和交付有一些可以找团队分担，但一些核心的环节，特别是流量这部分，团队很难分担。

所以，IP创业最好能够在一开始就找到一个操盘手来分担IP的其他重要工作，特别是团队组建和管理工作。

虽然这是IP创业不可或缺的工作，但如果IP花太多时间在管理上，就根本没空也没有心力做内容。

我从操盘手转型做IP的时候，一开始还觉得，我在管理和操盘这块有丰富的经验，所以是不是就不用操盘手了。

后来发现我想错了，在我自己做内容做直播的时候，我需要全身心投入，进入到心流模式。这个时候，如果突然一个下属发信息给你汇报工作，特别是说一些不好的消息时，你的状态会瞬间全无，还会被一些烦心事牵制住。等再次进入到心流模式，就需要很高的成本。

最后内容也没做好，管理也没做好。

后来，我在团队内部培养了一位操盘手，让操盘手负责管理大部分对我汇报的人。这为我省去了很多管理的时间，可以更专注地做内容和交付。

2.IP和操盘手的视角和能力互补

如果第一个原因是让IP能够节省自己的时间，那么这一条对操盘手的要求会更高一些，是要求操盘手能够站在更高的角度，给IP提供战略和产品上的建议。

我们在导论当中提到过IP的三个特点：有故事，爱创作，会共情。

以及操盘手的三个特点：懂商业，会管理，很理性。

IP的能力模型和操盘手的能力模型刚好互补。

IP自己在日常工作中，需要很亢奋且敏感的情绪，这有好处也有坏处。坏处就是特别容易被人带偏，比如，看到某位粉丝的某个正面评论，就会觉得自己的产品无比正确；而看到一些负面评论，又会陷入低谷，深刻怀疑自己。

一流的操盘手能够站在战略、定位、产品、数据层面给IP提供有效建议，优质的操盘手还要能够变成IP的军师，站在一个更加客观冷静的旁观者视角帮助IP把握好方向。

二、IP怎么找操盘手

相比第一个问题，这个问题解决起来要具体且困难很多。

操盘手人才一般分类为：一流是建过好体系；二流是见过好体系；三流是野生纯天然，既没有见识过，也没有建设过。

一流的操盘手是稀缺的，但稀缺的人才往往不缺出路。而且这种稀缺的人才都是聪明人，会趋利避害，思考自己怎么样更上一层楼。

所以，一流的操盘手一般会有三个发展方向。

1.紧跟一个大IP

作为操盘手，跟好一个大IP。人家已经搭建了好的团队、商业模式，加上IP势能所带来的商业变现，自己很有可能就可以做到年入千万了。

2.自己做MCN老板，签约多个IP

如果要做老板，孵化新人，他一定不会绑死在一棵树上。条件好的人都有选择权：签约多个IP，谁火起来了就当谁的操盘手，不可能占小股当合伙人。

3.自己做IP

当操盘手有了结果，也会想要自己做IP，因为做IP的天花板特别高，虽然辛苦了一些，但是能够收获名誉和声望，还能收获直接的物质回报。所以，很多操盘手都会尝试做IP。

如果你现在碰到找操盘手的问题，那么绝大部分情况是你的IP势能还不强。我劝你放弃找一流操盘手来当你的全职合伙人的念头——期望他们能占小股，还能全心全意给你操盘，这是非常难的。

有一种折中的方式就是被知名MCN或者一流操盘手签约。站在IP的角度，这样做有两个弊端：

（1）很难谈条件，因为MCN条款都比较严格，分成比例不好谈，违约金额很高；

（2）签约了之后对方可能依然是放养模式，不能提供太多的支持。谁火了，对方才会把资源给谁。

如果你铁了心，就是想要找一个操盘手全身心给自己做，那么你得找到二流人才来做你的操盘手。

如果你之前有团队，其实我比较推荐从团队中提拔；如果你没有团队，又立即需要操盘手，那么我推荐你通过回顾过去找三同（同学、同事、同乡），以及着眼当下多付费的方式，以此来找到适合自己的操盘手。

对二流人才的定义是见过好体系，如果某个人不在这个圈子里，也没有见识过好体系，那么可以直接筛选掉。

我一般会问对方一些问题，比如问对方有没有在相关的团队里待过，是否知道所对标的IP或者竞品是谁，他们分别有什么特点，有没有自己独特的分析和观点等。这样聊上一个小时，我会对这个人有基本的判断。

除了见识过好体系之外，这个人还需要非常有潜力，能从一个二流人才成长为一流人才，成为真正厉害的操盘手。

一个高潜力的人才一般会具备这三个特点：

1.不安分

对方要有强烈的企图心和冒险精神。

这能让他愿意放弃现有的东西，比如，愿意放弃目前稳定的工作或者收入来源，能接受降薪甚至低底薪，加入你的团队。

当然，降薪的同时，也会给他设置一些额外的激励，跟拿到的结果呈正比。

如果一个操盘手只是因为你给的待遇高而过来，那么他就不具备合伙人和承担风险的心态。

2.爱学习

二流的操盘手人才缺的是经验，包括管理经验、不同岗位的经验，以及沟通经验等。

如果这个人不具备爱学习的特质，那么这个人大概率是做不好操盘手的。怎样判断呢？就看看他平时是否爱看书，爱看什么书，最近有没有学习什么课程。

为什么在很多线下课、私董会上，大家容易成为合伙人，或者找到自己的操盘手、IP？就是因为他们愿意花钱来学习。这些人大概率都是人群中非常有潜力、非常爱学习的人，他们容易走到一起去。

3.很靠谱

这个二流人才之后是要带团队的，而带团队的过程中，沟通、画饼、思考都很重要，但最为重要的就是人要靠谱。只有自己靠谱了，他们后续带团队的时候才可以身先士卒、以身作则。

靠谱体现在细节上：事事有回应、件件有着落、凡事有交代。

开会的时候，自己一向准时，从不迟到。不然带团队时，肯定一个个都会迟到。

分配了任务，自己的一定要完成。不然凭什么下属完成，而领导不完成？

如果一个操盘手自己都不靠谱，那他是不可能带出靠谱团队的。

关于IP找操盘手，如果你的团队有现成的不安分、爱学习、很靠谱的高潜力人才，那么就优先从团队内部提拔培养。

如果实在找不到，可以从外部来找，特别是找合伙人高管。

找操盘手是一项极其难的事情，很多人都会问我怎么去培养合伙人、培养操盘手。

这里我想说一句：选择大于努力，筛选大于培养。如果人选对了，其实是不需要培养的。只要给机会，对方就会自己快速成长。

IP也是这样，靠培养靠孵化，是很难成为IP的。优质的IP都是自己破壳而出、破茧成蝶，优质的操盘手也都是自己主动学习、主动进步。

对于中小企业主、小而美创业者来说，你没有精力也没有时间来培养，最好的方式一定是筛选。

三、IP团队如何架构

我拿我自己的团队来举例。

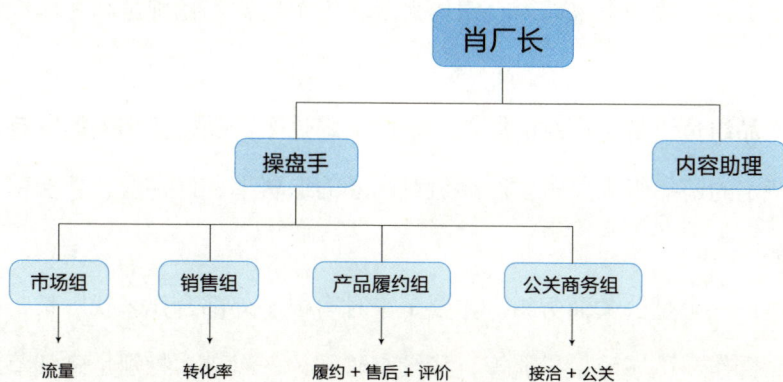

```
                    肖厂长
          ┌───────────┴───────────┐
        操盘手                   内容助理
  ┌───────┬───────┬───────┐
市场组   销售组  产品履约组  公关商务组
  │       │       │        │
流量    转化率  履约+售后+评价  接洽+公关
```

图2-1　团队架构图

这张图就是我的团队架构。直接对我汇报的，只有我的操盘手以及我的内容助理。我自己负责内容产出，日常跟我内容助理沟通很多，所以内容助理对我直接汇报，这样可以减少沟通成本，人也不多，只有两个，他们也跟了我很久，很有默契。

另一个对我汇报的就是我的操盘手。在操盘手下面，我们把部门分为：**市场组、销售组、产品履约组以及公关商务组**。

产品组又根据产品类型，分为不同的团队。比如我的私董会，是私董会产品组负责；我的创富圈，由另一个产品组来负责履约。

这里我讲一下操盘手旗下的部门划分逻辑。

市场组负责将流量从公域引流到私域，也就是我的各种抖音账号、视频号以及我的小红书、知乎等的运营。市场组对流量数量和质量负责，考评激励也跟数字挂钩。

销售组负责把私域流量变成付费流量，也就是转化这个环节，特别是私董会这种高客单的产品，一般来说，我都需要跟销售微信或者语音一对一聊一下，了解一下权益等。销售组跟转化率挂钩，特别是高客单价的转化率。

产品组负责特定产品的履约、售后，跟这个产品权益相关的所有工作都由特定的产品组来负责。产品组对产品的退费率、好评度、续费率、转介绍率负责。

最后一个是**公关商务组**。主要是平时有很多外部合作来找厂长，包括连麦、合作、私域流量导流等，我没有时间一一对接，特别是碰细节。所以我都会拉群给我的公关商务负责人，让她来帮我对接。

另外做IP也需要做好公关物料，比如你的个人介绍、你的百度百科等，也都是由这个组来负责。

公关商务组人不多，我的团队就一个人。有些人少的团队，公关商务直接由操盘手负责。

以上就是厂长IP的团队架构。

偏向于职能制模式，核心的三个小组是市场组、销售组、产品组。这就构成了一整条流量、销售、交付的链路，跟IP一起完成商业闭环。

有一些IP团队流量特别是内容账号，是由内容助理运营的，然后销售算为产品组，产品内部分售前和售后。有几个产品，就有几个操盘手对IP汇报，这种团队的项目感很强。

厂长的一位私董，他有两个操盘手，这两个操盘手就是这么分工，一个人负责一类产品的闭环，这也是一个不错的思路。

对于小而美创业而言，因人设岗的现象会多一些。大公司都是因岗设人，需要这个岗位，就去找市场上对应的人才。但小公司，特别是总共就十几个人的公司，经常会发生一个关键人员走了，内部的团队架构就要跟着变动的现象，这是小团队的特点所决定的。

所以，你在构建IP创业团队的时候，也要灵活对待，厂长的IP团队架构仅供你参考。

所有团队最重要的就是：如何界定好每个人，包括操盘手的权责利——每个人的责任有哪些，考核指标有哪些，是否有事情划分的模糊地带。责任、权利、利益三个要素是否匹配，这也是管理的基本三要素。

如果你想要学习管理，建议听一听厂长的科学管理课。不管是IP还是操盘手，都有必要听一听，对提升你的管理思考框架会非常有帮助。

第五剑：一个高利润的长销尖刀品

如果你做IP是为了自我满足，玩一玩而已，那随便怎么做。但如果你做IP是严肃认真地要创业、要做变现，那么在做流量之前，必须先把产品搞定。送给你一句话，这也是操盘手圈的共识：

先做流量，围绕流量做产品，变现很困难；

先做产品，围绕产品做流量，变现很简单。

本篇主题是打造一个高利润的长销尖刀品，这里有几个关于产品的问题：

1. 怎么评价一款产品是不是好产品，有哪些定量指标？

2. IP做产品最大的误区是什么？

3. IP初创团队有哪几种上产品的方式？

4. IP如何打造一个长销的尖刀产品？

一、怎么评价一款产品是不是好产品

我以前经常思考一个问题：为什么有些公司能做到很大，而有些企业始终做不大呢？大家都是卖东西的，为什么苹果可以市值几万亿美元，而其他的安卓手机品牌市值就会差那么多？

后来，我发现公司与公司的竞争，本质上就是产品的竞争，每一款产品不仅有表面上我们都能看到的样式和价格，还有背后我们看不到的6个数字。公司的核心差异就是选择和打造的产品所对应的这6个数字的差异。

在产品这方面，IP创业也存在这6个数字的差异。

这6个数字分别是**潜在客户数、客单价、转化率、复购率、转介绍率以及毛利润率**。任何产品天生都带有这6个数字，有丰富经验的商业高手一眼就能看穿。

潜在客户数，指的是这个产品预期市场有多大，会有多少人愿意购买。**客单价**，指的是单次消费的价格。**转化率**，一般指的是接触到产品的潜在客户，转化为付费客户的比率。**复购率**，指同一个客户后续再次消费的次数。**转介绍率**，指一个客户后续会介绍多少客户来购买。**毛利润率**，一般指的是这个产品的售价减去生产成本或者交付成本跟产品销售额，这些基本上是线性相关的成本。

对一个产品来说，当它推向市场的那一刻，这6个指标就基本确定了。这是客观存在、短期不以人的意志为转移的数字，除非对产品做调整。我们接受商业训练的结果就是为了更好地去判断它，预测它，提前打磨好这6个数字，从而做到先胜而后战。

那好的产品是什么？为什么有些公司注定做不大，而有些公司能轻轻松松规模做得很大呢？核心差异就在这里。

第一个数字，潜在客户数有两个变量，第一个是潜在客户的总数，第二个是潜在客户的增速。把第一个数字拆分后，我们可以从7个维度来评价一个产品，分别是：潜在客户总数、潜在客户增速、客单价、转化率、复购率、转介绍率和毛利润率。

其中某一个数字如果很高，就可以拿到一颗星。世界上市值最高的公司是苹果，巅峰时期市值达到了3万亿美元。苹果的核心产品iPhone就是7星产品，客户总数、增速一流，客单价高，转化率高，复购率高，转介绍率，以及毛利润率都超高，这种产品就是7星产品。

除了7星产品外，一些6星产品是受到管制的，比如香烟，它是国家专营，只有中烟一家企业可以做，一年的税收就可以抵得上国家军费。

现在市面上的产品，5星以上就是王者了，普通人都没有机会挤进去，因为赛道太拥挤，巨头林立。

大部分人创业，特别是做IP创业，能做的产品只有两三颗星，四颗星的寥寥无几。所以对IP创业而言，没有完美的六七颗星产品，你需要不断做取舍，在夹缝中生存，找到细分市场，垂直市场，如何具体做取舍会在下文展开。

二、IP做产品最大的误区是什么

厂长看到很多IP都陷入过这个误区，包括厂长本人。我最开始做IP做产品，虽然也是有一定经验了，但依然在这块犯过错误。最常犯的错误是**为了追求销量，降低产品价格。**

我有位私董，最开始想做个短视频训练营。为了让更多人来上课，显得自己付费学员很多，可以抬升自己的势能。于是他把价格降到了99元、100节课，因为他本身还是有一定影响力的，所以一做直播就招了1000名学员。

结果，这门课成了他效果最差的一款产品，第二次再开营时，报名的人数急剧下降，只有100多个人报名。这把他搞得心力交瘁、苦不堪言。

原因很简单：首先，交99元的人支付能力都很差，大部分都是还没有毕业的学生或者刚参加工作的职场人。还有部分比较散漫的年轻人，他们对未来有很多幻想，满脑子都是想做自由职业。他们买的时候，期待付99元就能够让自己快速改变，而真到学习时又各种拖延，行动上犯懒。班主任催促学习，不学；班主任催促拍视频，不拍。行动力差，决心也差。

后来，我的私董思考，在课程定价这方面自己犯了很大的错，过于贪图销量，追求转化率，没有通过高位定价筛选出真正有需求、有改变意愿的学员。

所以，他后来把训练营的价格一下子抬升到了3980元，报名的人数的确下降了很多，每一期大概能招到200个人，但是因为客单价的提升，总收入提升了6倍。

因为价格的提升，付费人群的质量和决心完全不一样了。小白和大学生少了很多，大部分付费人群都是公司老板和职场高管。而且，由于服务人员对接的学员变少了，服务质量大幅度提升，客户体验也好了很多。

学员付费金额高了之后，大部分学员为了不浪费高昂的学费，都会把课听完，然后自己去实践。

我的私董在作业当中加了产品的钩子，不少学员做作业、发朋友圈、视频号和抖音的时候，就把他们的产品宣传出去了。

学员本身的背书很好，转介绍率就高了很多。所以，下一期训练营还没有怎么宣传，就已经有大几十人报名等待开营，这就是定价定得好的结果。

产品不仅可持续，利润也可观，口碑还非常好，一箭三雕。

所以，IP创业千万不要为了追求销量而降低产品的价格，特别是IP亲自做交付的利润品。

前面我们提到定价、定品、定天下，要想能够产生充沛的现金流，并且能够实现产品的增长飞轮，一定要做高定价，特别是不太会做流量的产品型IP。

不过这里要加一个例外，如果你做的是带货主播IP，卖的是实物、大家有感知的商品，那么议价能力就是你非常核心的能力。

三、IP初创团队有哪几种上产品的方式

对于从零起步的IP，特别是知识或专业IP，有三种上产品的方式。

第一种是自己打造产品和品牌。

第二种是代理、分销别家的产品，比如卖樊登读书会员，做其他IP的高级合伙人等。

第三种是做自己产品的同时，又代理卖别人的产品。

这三种方式都有不少IP采用，如果你的势能不高，但是流量很大，就比较适合做代理；如果你的势能很高，那么就应该打造自己的产品；如果用户的特点也很明显，比如都是宝妈用户，或者老板用户，他们的需求很明确，你自己也有很多IP朋友，那么你可以既自己做，又代理分销其他人的产品。

关于自己做产品，这里又有一个大误区，很多知识IP也都陷入过。

那就是通过堆产品，来增加营收。这里的产品，一般指的是利润品，也就是贡献利润最多的产品。

厂长的很多私董，流量没有多少，但是产品，特别是核心利润品有一大堆。一个卖不动了，就想着再做一个产品，甚至同时做两三个产品，最后自己分身乏术。每个产品的交付体验、口碑都很差，GMV也不断往下掉。

任何公司都需要用最少数量的产品，最大限度地满足客户需求，从而获取更多的客户消费价值。最典型案例就是乔布斯当年回到苹果，看到公司几十个产品线、每个都卖得不好。他做的第一件事就是砍产品线，他画了一个坐标轴，分出了四个象限，分别是4类不同的客户需求，随后每一类只做一个产品，把所有的公司资源，都集中在一个点。这样的产品策略让苹果浴火重生，重新突围。

我们看很多顶流IP，特别是知识IP，比如樊登读书，他们没有那么多产品，就靠一个或者两个产品打遍天下无敌手，把全部的精力都用来打造一个产品，做成业界标杆。

所以IP创业，特别是知识IP创业，严控产品数量是非常重要的，特别是利润品的数量。产品千万不能多，不要用堆产品来做GMV，精力分散、战略不清晰就会导致产品没有壁垒、没有竞争力、没有口碑，长期的商业价值一定会归零。

四、IP如何打造一个长销的尖刀产品

我们对长销的尖刀产品做一个定义：首先，它是一个利润品，也就是能够带来丰厚利润的产品，否则没有任何意义；其次，长销而不是爆款，

指的是这个产品不能是昙花一现、只在一段时间卖得多的产品，得是能够持续卖，能卖三五年，甚至是十年之久。

比如前面的樊登读书，一个365天的读书年卡产品已经卖了将近10年；再比如，一些商业老IP，如华杉、小马宋、特劳特，他们占据了一个非常好的赛道，品牌战略咨询一个单子就是几百万，而且交付也不那么重，小团队就可以搞定，交付之后客户还会砸钱做广告，口碑效应非常好，这是个收费越贵越吃香的赛道。很多IP，如华杉的华与华，他们的产品已经长销了将近20年，卖得越久，口碑越好，壁垒越高，这就是长销产品的价值和意义。

那做IP，应该如何打造一个长销的尖刀产品呢？

这里，我们一共分为三个步骤：

1.选品

IP创业很难一上来就直接踩对产品，并直接把这个产品打造成尖刀产品。基本上是做了3到4个产品之后，慢慢地有了一些经验和领悟后，会发现某个产品比较不错，适合长期打造。

有些人比较聪明，会找过来人做咨询，见多识广的人能够一眼看透本质，可以帮助你少走很多弯路。

产品做多了，有了感觉之后，就要选定产品。一般选定尖刀产品有三个标准，分别是看体量、看客户、看同行。

体量，主要看利润占比，而不是营收占比。一些产品光有营收，没有利润比，如活动品、引流品，这就不能算作尖刀产品，一般要找到利润占比超过50%的产品来作为尖刀产品。

客户，主要看复购率，其次看转介绍率。如果一个产品没有复购可能性，比如移民、买房这种，那么就要做到足够高的客单，同时在高客单的情况下，有非常高的客户满意度。怎么体现客户满意度？客户满意度如何衡量呢？客户自己说"好"是最基础的，更重要的是客户愿意向身边的朋友介绍你。这个我们称之为NPS（Net Promoter Score），净推荐值，或者转介绍率。

同行，要观察同行的产品类型，要和他们做到差异化竞争。如果同行的产品对了，但是没有全身心来做，那么你还有机会；但如果同行在一个正确的方向，已经领先了你很远的距离，对方的资金、品牌、人才跟你相比，也有数量级以上的优势，那么你应该果断放弃，换一个方向。

2.聚焦

聚焦一切资源，打磨尖刀产品品质。在做好一个尖刀产品前，不要做太多产品，也不要做太多其他的事情。其他的产品要么关掉，要么卖掉，要么让团队独立出去干。

厂长为了做好IP创业、做好恒星私董会这款产品，就把很多业务卖掉或关停了，或者让其他团队来接手。

你务必要明白一个道理，创始人也就是IP的时间精力是最宝贵的，做加法很容易，但是做减法很难。

很多创业者，失败就失败在自己不够专注，核心产品还没有立稳，就疯狂搞多元化。足够聚焦，才能足够有壁垒。

在这个阶段，当你做好了减法之后，就要把全部精力都聚焦在客户身上，不断地思考怎么迭代产品才能够让客户感受到价值、感受到惊喜、感受到这个产品的品质。

做企业其实很简单，就是一个词"消费者导向"。说起来简单，但做到的人非常少，因为绝大部分人都是以赚钱为导向、生意导向——什么产品短期能赚钱，就做什么。

在打磨产品时，你必须足够关注客户，一切都能从客户的角度出发，并且聚焦足够长的时间，通过科学的体系，比如PDCA循环，不断迭代你的产品，找到一个产品成本、客户价值的最佳平衡点，这样的产品才会有品质。

3.品牌

沉淀案例，累计好评，打造品牌。

有了品牌，你就不需要花钱买流量，凭借客户的口碑，流量就会源源不断；你就不需要强销售产品，因为客户会自动下单；你就有极高的壁垒，因为品牌的沉淀，一定是需要时间的。

打造品牌的过程如果只是投流量、打广告，那么没有任何意义。真正的品牌来自客户案例，来自客户的口碑，这是最高级的广告，也是最便宜的广告。

只要你选品足够成功，只要你足够聚焦，只要你的产品质量足够好，虽然品牌的累积效应也许会很慢，但是长期来说有极强的复利。

我这么看好IP创业发展的原因是：我认为大部分的IP目前优势都在流量端，而真正能够落实在产品、形成品牌IP的寥寥无几。樊登读书算是一个，我会在有读书需求的时候，主动购买樊登读书的年卡。

大部分的IP做产品都偏向销售，而不是交付。针对这样的现状，很多人看到的是问题，而我看到的是机遇。等10年到20年之后，所有的细分赛道都有了头部、有了品牌很强的产品，再想突围可就太难了。

一般来说，一个市场的成熟，就是品牌的成熟。从一个新的市场出现，一般需要3年到5年，甚至10年才能沉淀出一个真正的有生命力的品牌，但当一个行业被几个有品牌力的产品占据，比如辣酱的老干妈等，IP就完成了终极梦想——从流量销售驱动到产品品牌驱动的切换，这也是厂长做IP的终极梦想。

超级个体案例 ◆◆

📓 "生财有术"亦仁：高续费社群产品背后的秘密

"谈钱不伤感情"，这是亦仁一直奉行的理念，也是"生财有术"的Slogan。

亦仁，一位连续创业者，知识星球"生财有术"的创始人，自创建星球"生财有术"以来，平均续费率达65%+，累计付费人数多达4万+，星球内主题85万+，活跃度多次位列知识星球全平台第一名。

亦仁开始被大家所熟知，是因为一篇高质量文章——《通过Google挖掘细分市场的一个案例》，在公众号只写了三篇文章的情况下，这篇文章就达到了上万的阅读量，并被多位大V转载。

紧接着一周后，亦仁再次发文，对后台收到的留言做出回复，并向大众正式推出了自己的新产品——"生财有术"。

"生财有术"定位于集中讨论互联网生财之术的社群，简单来讲，它的商业模式是社群+服务。

区别于当时市面上其他同类产品，"生财有术"的定位从一开始就是"术"，到现在也没有变化。"术"是什么，就是方式、方法，往大了说叫谋略之路数，区别于"道"，它更贴近于执行层面，而对于普通人来讲，它比"道"更被需要。

不管怎么样，先干起来，而先干起来，需要的是"术"，而不是"道"。

事实证明，亦仁选择的定位是对的，第一期的"生财有术"共1529名成员加入，续费率达到60%，而到了第二期，续费率就达到了72%。

高续费一直是"生财有术"在业界的标签，接下来我将带你深度剖析这背后的秘密。

01 高产出=高交付

为什么说"术"一直是亦仁奉行的理念呢？

2017年伊始，亦仁刚刚结束第一段创业，进入新的思考，希望能够做一些有价值的产品，提供有价值的服务，可以在提供价值的过程中顺便赚到钱，而不是靠外部融资养活团队。

既然市面上没有，那就自己做一个。"生财有术"就是在这个背景下诞生的。

生财的大道理和方法论我们见过太多，真正的"术"反而成为稀缺品。

于是，亦仁为社群命名为"生财有术"，意为与大家一起讨论赚钱的具体模式和方法。

"生财有术"面向的用户是想要赚钱的普通人，亦仁给自己的定位也是普通人，没有任何IP包袱，以平等的姿态对待用户，拉近距离。

在产品第一期上线时，亦仁承诺一年内提供不少于365个案例或者思路，然而实际上，在一期结束后，亦仁个人贡献了800多篇主题。

单方面的输出可能会造成用户思想上的疲劳，如何营造圈子的活跃与氛围、持续产出优质内容，"借势"成为关键。

从哪里"借势"呢？我认为有两点：

一是借大咖的"势"，根据吸引力法则，"生财有术"吸引了很多的业内大咖加入，像刘润、剽悍一只猫、老胡等，当他们加入开始做分享的时候，会给圈子带来很多的能量，也会吸引更多的用户加入。

二是借用户的"势"，从第一期开始便通过分享免圈费的方式，到现在发展为以赠予"龙珠"的方式引导用户主动分享。

说到"龙珠"，你一定很好奇它是什么？通俗来讲，它是社群内部积分体系，也是驱动用户持续产出内容的核心玩法。

当用户产出了一篇优质内容、在线下组织了一场分享会、裂变了更多用户时，"生财有术"会以官方的名义赠予用户一颗"龙珠"。

而"龙珠"的价值可以被分为拥有价值和使用价值。

它的拥有价值包括可以进入更高端的圈子龙珠俱乐部、参加线下见面会、参与收益分红、生日专属福利等。

它的使用价值包括可以兑换课程、私董会、专属资源对接服务、礼品等。

有了内容、有了氛围，用户找到了思路，拿到了结果，这就是高交付。

02　高交付=高续费

公司赚钱有两种方式，一种是做估值，把公司规模做大，估值做高，通过上市或并购来卖股份赚钱。

另一种是通过把公司收入做高，成本做低，利润做大，直接分配利润来赚钱，这也更加接近商业的本质。

对普通人来讲，能够快速投入、快速挣钱的第二种方式显然更适合，这也是"生财有术"持续吸引用户续费的一个关键点。

为了让用户动起来，"生财有术"推出了特色实战活动：航海计划。

选择当下有赚钱机会的实战项目，官方发起航海计划，邀请真正拿过结果的赚钱高手参与带队，带着用户一起下场做项目。

让用户学到东西赚到钱，拿到结果，将内容落实，而想要持续拿到结果，继续赚钱，自然也会续费，这也是"生财有术"高续费率的原因。

关于这次转变，访谈的最后，亦仁告诉我：最近一段时间，"生财有术"的变化很大，主动在续费时候将价格提得更高，控制会员人数，将现在的用户运营重心放在了那些更不太容易出成绩的人身上。

这背后的思考是，简单问题的解决只是时间问题，但是难题的解决却需要团队集中大量精力和资源不断试错，才可能有一点进展。

相比于拉新，把人留住更难。所以提高价格降低人数，先把留存和续费真正做好再去进一步扩大。

马徐骏：40万元服务一次，用好莱坞标准对接中国演讲行业

你见过收费40万，服务一次的演讲教练吗？

这个人就是马徐骏。

马徐骏曾是得到年度专栏《世界名刊速读》《新知报告》的专栏作者，也曾是"得到高研院"的首席打磨教练，新东方明星英语培训师，服务可口可乐、上汽集团、华为、万科、华大基因、国泰君安等知名企业，在"内容创作"上有不俗的成就。

最近几年个人IP的大火，让更多行业、更多人需要"被看见"，相关的提升演讲能力、打磨演讲内容的市场需求也愈发强劲。据和君咨询整理，2021年中国演讲培训市场总容量约810亿元。

在这一浪潮下，马徐骏果断二次投身创业，得益于过往累积的内容口碑和专业实力，他用"回响·开年演讲""首席内容官训练营CCOC"打响个人品牌，也被称为"国内最贵的演讲教练"。

"我们想要被启发，我们想要被点燃，我们想要获得新的视角。这才是演讲的本质。"

——马徐骏《回响·开年演讲》

我们在2022年3月22日，有过一次视频号连麦，后来马徐骏也加入我的恒星私董会，在私董群内分享关于演讲、打磨内容的最新认知。

接下来，我会带你拆解分析马徐骏的产品定位和商业模式。这对做演练口才、外语培训、形象提升，甚至是做素质教育、家庭教育等，都有非常强的学习借鉴意义。

在我看来，马徐骏商业模式最厉害的，就是实现了B端、C端和IP的"三赢循环"，而做到的秘诀，就隐藏在他的整个产品体系的定位和布局之中。

第一款产品：首席内容官训练营（Chief Content Officer Club，以下简称"CCOC"）

首席内容官训练营是一款客单价29800元，只在每年的上半年开设两期，每期只招40人以下的项目制教学产品。

马徐骏会亲自授课，帮学员提升内容能力、演讲能力和教练技术，获得全方位提升。CCOC的明星学员有徐莉佳、王辉、王剑、童婷婷等。

第二款产品：收费40万的企业发布会培训

目前国内全年有超过5000场企业发布会，在搭建、灯光、音响等硬件已经有专业供应商提供成熟解决方案的情况下，发布会的"软件"方面——整体的内容设计＋上台人员的演讲表达，却完全处于一片空白的水平。

一面是巨大的市场需求，另一面是完全空白的服务供给。这是马徐骏老师坚定选择在这个领域创业的原因。

他说，这款价格高达40万元的产品交付，他会亲自上手，从采访开始挖掘有价值的故事，然后通过撰稿、训练、彩排的流程，让演讲者学会怎样讲更有传播力、更有感染力，帮助企业提高发布会重要信息在听众脑海里的黏性，讲完就能在社交媒体和朋友圈中引起刷屏。这个价格定位，让他在不违反"广告法"的前提下，可以成为"中国最贵商业演讲教练"。

当然，这个40万元的高端服务，一般只有大企业才能接受。那一些有强烈需求，但是付不起40万元的潜在客户，怎么办呢？

我们刚才说到的CCOC结业学员，就可以为这部分客户提供诸如企业内训、演讲打磨、状态调整等服务了。

对有的B端企业来说，他们承担不起一次40万的费用，但CCOC的认证教练足够专业，也可以满足他们的部分内容需求。

对马徐骏老师来说，第一，他时间有限，用这种方式可以服务更多客户；第二，实践部分的费用为每年1万元，也是直接增加收入；第三，CCOC的教学成果充分外显，打爆口碑传播，从此不再为报名人数而焦虑。

第三款产品："回响·开年演讲"

尽管处在一个充斥焦虑和浮躁的时代，我们仍能透过"开年演讲"，读到马徐骏"用人生致敬梦想，以情怀坚守使命"的稀缺品质。

据他本人说，这是他从2021年开始，每年要花200多万做的一款艺术品，也是未来10年要全身心投入的产品。

我曾问起原因，他的答案也很简单——"中国GDP已经世界第二，但是一个国家的强大，不只是经济上，更多是在文化上，所以我想打造一个中国的TED，甚至最终要超越美国的TED。"

对标TED的产品，马徐骏老师命名为"回响"，寓意"念念不忘，必有回响"。

收费40万的发布会内容打磨和每年砸掉200多万的"开年演讲"，这两个都属于厂长讲过的形象品。不仅能给公司带来不错的利润，还能拉高IP的势能，侧面提升利润品转化。

总结一下，马徐骏老师产品布局的"三赢循环"：

C端学员付费，获得内容演讲综合能力的提升，在实践部分获得赚钱的机会；B端企业付费，得到演讲打磨相关服务，实现稳定的现场表现和长期曝光；马徐骏老师获得品牌的口碑累积和广泛传播，放大业务增长。

当然，这也对创始人的各项素质和产品交付质量有极高的要求，毕竟稍有不慎，就会带来口碑和资金链的崩塌。用一句老话形容就是"没有金刚钻，就别揽瓷器活"。

而对于这个时代的创业者来说，马徐骏老师用一句话总结——"在充满不确定的时代里，变强才是最大的确定性。"

徐勇：如何做一个千万量级的课程产品体系

国内第一本天使投资实战教材：《寻找下一个独角兽：天使投资手册》，你知道是谁主编出版的吗？

是我的私董，徐勇。

徐勇曾在国有体系工作多年，参与发起和负责管理了多支早期引导基金，成为红杉资本、创新工场、深创投、英诺天使、梅花创投等顶级基金的LP（有限合伙人），在体制内就起草了：国内第一个《天使投资引导基金管理方法》、国内第一个《天使投资引导资金管理方法》、国内第一个《天使投资风险补贴管理办法》，在天使投资"江湖"上拥有不凡的地位。

他在2014年创立的"天使成长营"，是国内第一个天使投资培训社群，提供系列课程培训和社群交流服务。而后创立的共进社，致力于打造最具有进化力的创始人社群。他现在也是中关村天使投资联盟秘书长兼法代，管理的直投基金——AC资本，先后投资100多个项目，是投资人背后的投资人、创业者身边的创业者。

我们曾在投资圈链接聊过天，后来徐勇加入我的恒星私董会中，在2022年9月7日，我也邀请他在私董群做了一次线上闭门分享，关于他8年的做课经验。

在过去一年里，徐勇仅通过卖课就实现六七百万元的收入，课程的复购率达到40%。

厂长认为，超级个体的三件套是：一书一课一圈。大家也都知道各大平台里，最赚钱的是卖课的知识博主。

接下来，我会带你拆解分析徐勇的课程产品体系，这对想要做一门破圈好课的创始人IP、知识博主、课程操盘手都有非常强的学习借鉴意义。

01　两年从100学员到10000付费学员

从2020年到2022年，徐勇的课程，从100付费学员到1000到10000付费学员，课程复购率超过40%，两年时间，完成了3个阶段的跳跃，都因为他做了这些升级迭代：

第一，调整了赛道和人群定位

因为徐勇是做天使投资出身的，所以1.0的课程主要定位在有早期融资需求的精英创业人群上，8个月的时间付费学员只有100多人。2.0阶段，徐勇将定位调整到微创业人群上，8个月的时间付费学员达到1000多个学员。3.0阶段，徐勇又将课程面向的人群改成了："有上进心的普通人"，推出职业、商业、创业3个系列课程，8个月的时间，付费学员就突破10000人。

那怎么去选择一个好赛道呢？

首先选择自己熟悉的行业赛道，结合自己的专业知识和实操经验，发现用户的显性刚需、用户的明确痛点。

然后去验证需求：一方面通过竞品搜索，调研分析竞品的数据，包括客单价、销量、流量转化等。另一方面去跑通最小MVP（最简化可实行产品），先卖再做，先到市场上售卖验证需求后再迭代产品。

第二，课题场景化生活化应用化，帮用户明确需求

徐勇发现，一个能帮用户明确需求的课题能多卖几倍数量，比如他们出的一门教人如何更好地表达的课程，卖的一般，因为表达更多在公开演讲、辩论等较正式

场合才会用得上，普通人一般用不上，但是表达沟通这件事其实是日常刚需。

而后他们迭代成了：教你如何和领导谈升职加薪？一下明确了用户的痛点和应用场景，比之前的课程多卖了好几倍。

02　如何设计一个千万量级的产品体系

在过去一年里，徐勇仅通过卖课就实现六七百万元的收入，课程的复购率达到40%，就是因为他设计了一个产品体系，涵盖了一类人群的各种课程学习需求。

由于徐勇一直在投资圈深耕，拥有多年的积累和人脉关系，十年时间，做起了三大顶流创投社群：中关村天使投资联盟、天使成长营、共进社。

而徐勇共进社的课程体系涵盖三个阶段等级：L1职业、L2商业、L3创业。

总结一下：一个超级个体想要通过课程营收千万，需要选择一个好赛道和设计一个好的产品体系，才能支撑利润和体量。

张大豆：企业家IP的幕后推手

张大豆，是豹变IP咨询的创始人，豹变学院院长，企业+企业家品牌咨询顾问，清华大学、上海交大等一流高校机构的实践教育专家及导师，参与打造过《非你莫属》《合伙中国人》《求职高手》等一系列知名电视节目。

我和豆哥是辰薇老师介绍认识的，同时厂长也是豹变学院第6期的学员，我的名字"私域肖厂长"就是在豹变学院线下第一节课上，跟豆哥一起定的名字，包括后续厂长的IP逻辑和系统也都受到了豹变学院的很大启发。

聊张大豆就一定离不开豹变咨询和豹变商学，据说豹变商学是中国第一家创始人个人品牌学院，有100多位明星导师，深度服务过1200多位企业家，覆盖20多个行业，培训过20万+的中国企业家，成功案例比比皆是。

在成绩上，2019年的内部统计数据，豹变学院帮助企业获客成本降低了2.2倍，收入增长280%，全网曝光超千亿，可谓非常亮眼了。

豆哥帮助那么多企业家打造IP，几乎每一个都很成功，而且他打造的不是那种突然爆红的"一次性"网红，而是有沉淀、有穿越周期能力的长效品牌。

读到这里，相信大家肯定会好奇，豆哥是怎么做到的？他这些成功案例的背后到底有什么样的逻辑支撑？

下面，厂长就带大家拆解豆哥的商业逻辑，看懂这个企业家IP们背后的男人。

01 为什么从起步300万单价的大B端，转型推出了一条业务线，做12.8万的小B端

2009年，豆哥帮一家连锁烧烤品牌开拓山东市场，用了一套全新的品牌打法，结合媒体+内容+人格化+渠道，效果非常好，客户很满意。于是，这位烧烤店的老板牵线，将豆哥引荐给了一家知名企业的市场部——海尔。这就是豹变成立后的第一单，单价300万，一战成名，这也是豆哥创业后真正意义上的第一桶金。

紧接着豹变电视团队通过品牌媒体化咨询服务聚美优品，助力陈欧成为创业明星。聚美优品也通过个性化的品牌基因和差异化十足的品牌打法，成为那个时代的成功样板。

2014年，聚美优品在美国纽约证券交易所上市，市值38亿美元，陈欧成为纽交所220余年历史上最年轻的上市公司CEO。这背后，都有豹变的影子。自此，豹变也正式步入正轨，专注B端业务，只做大品牌，都是动辄三五百万的超高客单。

这种量级的客单价做起来确实非常爽，但也同样存在问题。一个是大客户的数量有限；另一个问题其实是时代背景下特有的问题，就是容易错过很多"和企业共同成长的机会"。

2016年的时候，豆哥错过了几家非常非常牛的企业，其中有目前共享单车的

TOP3，以及一家现在的头部直播平台等。

后来，豆哥的投资人徐小平老师和他说："中国未来的商业进化是这样的，过去是5—10年成长一家企业，现在是1—3年成长出一家超级企业，你们现在这样单纯的咨询顾问模式，会错过很多的成长中的大企业，你们要错过吗？"

于是，2017年，豹变咨询生长出了豹变商学，开始从大B端咨询顾问服务，转向大B咨询顾问服务和小B端轻咨询+培训陪跑的业务转型。

小B端一年只做两期，一期35—45个人，是单价12.8万元的豹变明星boss班。

02　为什么豹变学院能做12.8万的高客单

豹变学院一年的学费12.8万，对大企业来说，不贵；但是对个人或者小企业来说，这个价格不便宜，但是豹变学院每一期人员都是爆满，几乎没有缺客户的情况。

很多明星学员也愿意给豹变学院付费，而且是真正意义上的那种明星、名人，比如：水木年华、徐誉滕、马艳丽等。

豆哥认为，企业最需要的是系统化的服务体系，创始人最重要的不是掌握一门技能，而是能够根据自身基因的独特性，构建一套先进的并且可以持续进化的操作系统。如果你能帮你的客户建立系统，还可以持续更新系统的话，他是离不开你的。豹变学院最长的咨询顾问续费客户能达到8年，这个在行业当中其实是"很奇怪的"，年年续费，而且后面是没有任何降价的。

如果你在服务客户的过程中，服务的是他的单点，那他一定搞完就跑。但如果你给客户建立的是一套持续成长的系统，你会发现他每年都会找你，让你帮他处理问题。

一个头脑清晰的老板是明白企业搭建一套系统的重要性的，那才是真正能让企业持续性成长的关键。同样企业家的成长，应该是自身操作系统的进化，而不单单只是去学习使用当下最火的工具。

豆哥是我的好朋友、我的私董，给过我很多的帮助，他是一个在IP打造领域真正拿到大结果的人，同时是一个特别"江湖"和懂得利他的人，身上有很多值得学习的东西，也希望这篇案例能带给你启发。

📔 老金：那个"被徐小平选中的男人"开始做超级个体

老金本名金凌虹，是一名从真格基金和迪士尼融资5000万元的连续创业者，一个"被徐小平选中的男人"。

老金曾用两年时间把公司估值从0做到2.5亿元，年营收破1.3亿元，2021年双减政策落地，把公司战略并购出售，走完了整个创业闭环和完整的商业周期。

2022年初，老金选择从幕后站到台前，以新IP掘金所所长的身份，把自己打造成一名超级个体，短短4个月时间，变现利润超200万元。

我和老金的渊源很深。

2016年，老金以教研合伙人的身份加入了我当时创办的公司"轻课"，负责整个公司的教研产品研发和团队管理工作，我们在一起共事多年，结下了深厚的友谊。

后来老金离职创业，事业非常成功，2021年开始转型做超级个体，来我的深圳线下大课学习，并加入我的恒星私董会，成为我的私董。

01 老金的经历

2007年，老金从一个普通三本大学毕业，最终以高出分数线40分的成绩成功考入北京师范大学。

同年，他入职北京新东方，成为一名优秀的英语老师。

2016年，老金从新东方离职，负责"轻课"的产品研发和团队管理工作。

2017年10月，老金选择离职创业，开拓自己的天地。

截止到2020年年初，老金完成了年销售额1.3亿元，实现了3.4万的付费用户和百万级微信私域生态流量、团队也扩张到近200人。

02　不把流量当资产，是老金踩过的最大的坑

聊到这里，老金给我讲了一个他创办公司时踩过的一个大坑，这是很多创业者在创业初期会遇到的问题，厂长打算拿出来讲一下。

老金当时的流量是溢出的，他是在 2017 年创业，那个时候无论是公众号还是裂变，都是有微信生态红利的。

但由于对流量的重视程度不够，也没有一个很严谨的预期，导致他们的组织能力和运营能力跟不上了，也没有去招那么多的销售来承接流量。

老金当时用了一个方法，就是把用户从使用者变成经营者（兼职），让他们来承接流量，然后做转化。

这个方法看似省心省力，但实际上却是属于"因小失大"。

这里老金最后复盘了一下，如果按每个月两到三万的流量给到外面，至少损失了超20万的私域用户。

03　老金为什么选择成为超级个体

2021年7月双减政策落地前的一个月，老金顺利把自己的公司战略并购出售，同年，老金来我深圳的线下大课学习，打算转型站到台前做超级个体。

从实力上说，老金有丰富的商业经验和体系知识；从条件上来说，老金的创业经历非常适合超级个体IP的人设打造；从意义上来说，可以帮助到更多迷茫的创业者，至少让他们避开老金自己曾踩过的坑。

于是，他的"新IP掘金所"应声上线，并迅速打响旗号。

04 老金的商业模式是什么样的

老金的业务主要是面向C端用户，目标客户人群集中在这几类人群：创始人IP、管理人才、技能达人、转型教师、知识博主IP、个人品牌教练、微电商从业者以及私域从业者。

针对目标人群，设计了非常完整的产品体系，各个产品发挥不同的作用。

首先是价格99的认知课，属于低价引流品。

其次是1299元的21天落地营，购买这款产品的是有希望向更高客单转化的高意向用户，主要目的是更深入和用户绑定，让用户更加了解老金的实力。

而价值39800元的爵金私董会，就是老金的主要利润品了，有社群、线下活动、一对一咨询等高质量交付，属于高客单产品。

当然，老金还有249800元的年度个人商业陪跑和490000元的年度企业商业陪跑，这就属于体现自己价值的形象品，不会过度去营销推广，只要摆在那里，就能让老金的价值得到展现。

那么为什么老金可以卖高客单的课程呢？他商业模式的独到之处在哪里呢？

这就不得不提老金最擅长的高级人设打造——"借势"。老金的借势主要分为两点：借人的势以及借品牌的势。

首先是借人的势。

老金在介绍自己的时候，几乎都会加上"真格基金被投创业者"和"被徐小平选中的男人"。

除此之外，老金非常擅长在直播间"搞大事"，包括"618出道""春季万人盛典"，邀请数位大咖一起参加，聚集大能量。

其次是借品牌的势。

老金的个人经历在2013年被报道，以及获得融资。借品牌的势和借人的势其实逻辑上是一样的，都是为了证明自己的实力和价值。这方面老金运用得炉火纯青，也是他能收获大量高客单用户信任的一个重要前提。

老金的身上有很多值得创业者学习的地方，他是一位执行力非常强的人——恒星私董群里刚发出一个新的玩法和感悟，老金就立刻学习、实践起来了，这一点尤其让我佩服。

时代的趋势一直在变，但老金始终在主动学习，主动拥抱变化，我相信，他会永远在路上。

贝琳达：从C端到B端的产品转变，让我找到可持续的IP创业增长模式

01　贝琳达的个人IP打造过程

我和私董贝琳达是在2020年年底认识的。

贝琳达之前在一家教育公司带销售部门，年收入50万+，2020年底刚辞职创业就通过我的视频号加上了我的微信，她说想要打造个人IP，但是不知道怎么做，问了我很多问题。

2021年1月，贝琳达正式开始打造自己的个人IP，到今年在互联网上沉淀了30w+销售领域垂类粉丝，她也不断探索和调整自己的商业模式，从一开始的月入几万元到现在月入几十万元。作为创业新兵，成功从职场精英转型为销售领域具备一定影响力的IP，她的案例可以给到很多普通人一些参考和启发。

由于她一直非常积极主动地来链接我，参与我们组织的活动、课程等，我也算是一路见证和参与了她的创业成长之路。

2020年年底，我受邀在厦门演讲，在视频号千人峰会给个人IP、创业者们做分享。她直接定了机票到厦门，还花了1000元买了峰会的门票，就为了见我一面。后

来我做创富圈、做私董会，都第一时间向我付费。我们每次举办线下活动，她都从深圳、成都订机票赶过来，一次也没有落下，我对她印象非常深刻。

在过去一年半的时间里，贝琳达经历了三次战略的调整和无数次业务模式的细节优化，才拿到了今天的成果。她的创业之路对于很多职场转型的创业者、垂直细分领域的创始人、培训及咨询行业的创业者都会很有启发和借鉴意义。

下面我来给大家拆解一下她目前的"小而美模式"。

02 业务模式的拆解

一、核心业务：为企业提供销售管理咨询及内训

针对年营收千万及年营收1—10亿的中小型企业做销售管理咨询和内训。服务项目有：业务诊断梳理、销售sop和话术的梳理、销售团队招聘&管理方案定制、定制化销售内训课，私域精细化运营方案等。按照3000元/小时进行收费，最低合作金额为5万元，年度咨询费用为100万元起。

二、辅助业务："一本万利"的C端线上课

2021年年初，贝琳达来问我要怎么打造个人IP，我给了她建议：自己做IP，先验证最小可行性闭环MVP，把自己的销售经验和逻辑梳理成一套自己的理论体系，在朋友圈预售，看有没有人愿意付费，再开始做课程。先验证市场的需求，再做接下来的事情。

没想到她行动力非常强，马上就出了一篇推文介绍了自己设计的销售逻辑课，定价1999元，预售价1299元，第一个月她就卖了20套课程。但是私域好友存量毕竟是有限的，于是她开始拍短视频，在小红书、抖音、视频号等平台更新原创短视频。她的短视频定位很清晰，内容很垂直，面向一线销售人员讲销售观点和销售技巧，快速吸引了很多精准的粉丝，成为小红书销售垂类赛道Top5的优质博主。

贝琳达的线上销售逻辑课售价1999元，录播课+社群答疑的模式，但是社群答疑的设计又有小心机。她每天预留半小时给学员答疑，每天一个名额，需要预约，其他人可以旁听答疑，答疑的录音又会精选到上课平台，成为课程内容交付的一环。

贝琳达的C端模式"既轻又重"，对于贝琳达本人而言，录播课很轻，社群答疑也很轻，每天限定30分钟以内，而且也不一定每天都有人预约；对于她的学员而言，她的交付很重，花1999元不仅买48节系统的线上销售逻辑课，还能无限次预约跟贝琳达本人咨询答疑，获得感非常强。

03　个人IP成长的总结

总结一下，贝琳达是如何找到可持续的IP增长模式的。

首先她通过日拱一卒地更新短视频，在网上积累了大量的粉丝，通过线上的销售逻辑课获取了第一批客户，赚到了第一桶金；进了私董会圈子以后接触的很多企业老板，普遍存在销售管理咨询和内训的需求，并且也有很强的购买力，开始有人请她做销售内训。厂长也请她给我的团队做了5天的训练，反馈非常好。

因此，她决定转型做B端，从客单价1999元到客单价几万甚至是几十万元，赚钱的效率明显提升了很多，她说从C端主导的模式转型到B端主导的模式后，公司的营收比以前翻了10倍。

当然，模式的切换也对创始人的各项综合能力和专业交付质量有极高的要求，创始人需要日积月累、踏踏实实做好每一步，打好地基，厚积薄发。

慢即是快，IP从来都不是一炮而红。

Three

3.

第 3 篇　流量与变现

第六剑：一条高产、爆款的内容生产线

能够持续获得流量的核心秘诀，就是搭建一个高产、爆款的内容生产线。

在IP的各项能力当中，内容其实是最为重要的，因为做内容的能力不仅关系到流量的获取，对销售变现也有决定性影响。

我自做创始人IP以来，就在不断增加做内容的时间。在非常投入的时候，我甚至每天要拿出60％的工作时间，专注于打造内容。

但是，我在当年的学生时期，语文成绩是所有学科里最差的。我不仅讨厌写作文，还不喜欢说话，更畏惧直播。所以，我一开始做IP非常吃力，甚至一度在怀疑：像我这样的人是不是不可能把IP做好？

虽然这么想，但我骨子里是一个特别不服输的人。我坚信任何技能都可以通过三点来掌握：（1）科学的方法论；（2）反复地刻意练习；（3）从量变到质变，秉持长期主义思想。

于是，我开始结合自身经验，不断思考和学习，并且开始大量反复练习。

我做IP仅一年，在全网积累的粉丝量就突破100多万。这些粉丝主要来自三个平台：抖音、快手和视频号，而且我沉淀了10万的私域精准潜在客户。同时，我在朋友圈也制造过多起刷屏现象，而且每一次刷屏都有大量的流量，还拿到过单日变现突破百万的成果。

下面来讲一讲我对于内容的理解，以及我跟很多私董学习到的如何搭建高产、爆款的内容生产线。

本节，厂长将带你透彻地理解五个问题，打通IP做内容创作的"任督二脉"。

一、IP做内容有哪三大要素

IP做内容有三大要素：真实真诚、持续产出和干湿结合。这三大要素是做IP的核心心法，下面我们逐一讲解这三大要素。

1.真实真诚

真实是为了避免人设崩塌。我们经常说一句话："说了一个谎言，就要靠说一百个谎言来掩盖。"

作为一个IP，随着你的影响力越来越大，盯着你的人会越来越多。即使你的情商再高，喜欢你的人再多，也难免会有黑粉和嫉妒你的人出现。这些人"吃人血馒头"，盯着你的每一个细节，希望能从中探寻到你的一些硬伤，从而导致你人设崩塌。

由此可见，唯有真实的IP才能让你走得更稳、更远。

说完真实，再谈真诚。真诚，是为了快速拉近你和用户的距离，让对方能卸下心里的防备。而要达成这一目标，有一个前置条件：你自己首先要卸下防备，让别人能快速看透你。

很多人都奉行"做人要有城府，让别人看不透你"的理念，在我看来，做人或许可以如此，但是做IP就得让人看透。唯有让人看透，才能减少沟通成本，让别人快速建立对你的信任。

比如债台高筑的罗永浩老师，他欠下6亿元债款，为了还债做起了直播电商，为公司取名为"交个朋友"。许多人不解：为什么罗永浩老师明明可以宣告公司破产，但是他自己却依然要靠做直播电商还债呢？他当时为了还债，写了一篇文章，描述了自己的真实内心历程，这就能让人一眼看透。

那么，我们怎样才能做到真诚、让人一眼看透呢？答案是讲4F故事。所谓"4F"，是指Failures（失败），Flaws（缺点），Frustrations（沮丧）和Firsts（初次经历）。特别是把自己失败、缺点、沮丧之类的故事讲出来，这本身就需要莫大的勇气。

马斯克曾面对记者的镜头，说起了他被偶像否定的故事。作为第一个登上月球的人，阿姆斯特朗丝毫瞧不上马斯克，说他绝对不可能成功，这让马斯克伤透了心。

马斯克的这些4F故事，说出来需要勇气。但正是这样的故事，让全世界相信他是一个足够真诚的人。

我发售小而美创富圈的时候，也讲述了自己的4F故事：在创业路上，我碰到了最大的挫折，不得不把公司快速缩编，团队成员从近600人一度缩编为60人。

写作此书时，我考虑了很久，纠结要不要写这段故事，因为它很敏感，是我的痛点。不过最后，我还是决定写出来，因为这就是失败的故事，就是真实真诚的体现。

真实真诚是做IP的地基，只有地基稳了，房子才能建得结实，才能建得高、造得快。

2.持续产出

持续产出有两方面的意义：

（1）从用户的视角来看，持续产出是存在感和信任感的体现。

罗振宇老师可谓是这方面的鼻祖，他的公众号每天都发一段60秒的语音。

在这段长度为60秒的语音中，他会给你讲一段自己的心得，然后配上一个关键字，回复关键字即可收到推送的一篇文章。我特地查了一下，早在2012年12月，罗振宇老师就开始坚持做这件事，一直坚持到现在还在做，已经有2000多天。而他说自己要坚持10年，这样算来，也许要到2022年12月25日他才肯作罢。

这件事情让他收获了极强的存在感和信任感，而且他对60秒的偏执还体现了他对内容作品的极致追求，现在罗振宇老师的创业也很成功。我相信，每一个用户都会因罗老师这小小的坚持而受到鼓舞，增加一份对他的信任。而得到的每一位员工、每一位合作伙伴，都将此视为一种靠谱的体现——跟这样的人合作，还有什么顾虑吗？把资金交给这样的人，有什么不放心的吗？

（2）从创作者的视角来看，持续产出是一种习惯，是一种不断精进的状态，也是一个贴近用户的正反馈循环。

第一，有了习惯，才可以持续地训练自己。

我们经常讲一万小时定律，大家对此应该都不陌生。把一万小时拆解开来，每天都要投入大量时间，如果没有这些时间作为基础，即便你起点很高，也很难有大的成就。或者说，你只能是业余人士，而非专业人士。

第二，持续产出其实也是在保持状态，特别是保持不断精进的状态。

一个篮球运动员，如果他很多年不打球了，就会手生；一个乒乓球运动员，如果他很久没练球了，再打就会不适应。

以我的亲身经历来说，如果我很久不写作，再想写作，就需要很长一段时间才能进入状态。作为内容生产者，我们只有保持这种不断精进的状态，才能快速进入心流状态，才能进步神速。

第三，持续产出也是一个贴近用户的正反馈循环。

做商业相关的内容时，切忌憋"大招"。我们必须持续产出，先把内容投放给市场，再快速看反馈：看用户的评价和口碑，看内容相关的数据。这样我们才能保证我们得到客观中立的结果，并逐步进入做内容的"正反馈循环"。

这种循环不仅可以让你知道你做的内容怎么样、市场究竟认不认可，还能让你的每次进步都给自己带来正反馈，从而强化你做内容的动力。

综上所述，无论是从潜在客户的视角，还是从内容生产者本身的视角，持续产出都是至关重要的。

3.干湿结合

每个人都声称自己喜欢干货，果真如此吗？其实不然。干货过纯、过干，会让人丧失了解、学习的兴趣。如高中数学和物理教材，这些书就是这种干货。

你会主动去看高中数学和物理教材吗？如果老师不去讲解，你也无须去考大学且学习它们不是你改变命运的必经之路，除了真有兴趣以外，恐怕你无论如何都不会主动去看。

我相信大家看大学教材的时候也会有同样的感觉。遥想当年，我大学学习管理课——一本纯干货书，只记得当时我看得痛不欲生。

所以，大家一定要明白一个道理：学习机械性的知识是反人性的事情，因此我们做内容一定要"干湿结合"。

不知大家是否还能记得，初高中时期那个令你印象最深刻的老师是谁。有些老师只会照本宣科式地讲课，这样就会显得无趣；有些老师只会讲故事、讲段子，而不会教学，学生虽然很喜欢这些老师，但是这些老师带的学生成绩差、平均分低，校方领导当然不满。

我们以做高势能、高黏性、具有商业价值的IP为目标时，一定要做到干湿结合。

所谓"干"，一般是指认知、逻辑、框架、总结、方法论、专业名词等，可以让IP建立起特定领域的权威感、专业感，这个是变现的前提。

如果没有干货，只是搞笑、讲故事、讲段子、讲情感，大家虽然很喜欢你，但是不会付费。这也是很多搞笑、剧情类的千万粉丝博主无法变现的原因。

所谓"湿"，一般是指情绪、故事、笑点、泪点、颜值等，可以让IP建立起丰满、鲜活的人设，产生强人格魅力，或者鲜明的性格。

很多体制内的老师在抖音、快手、视频号上不受欢迎，往往是因为他们所讲的内容没有湿货，一开口就是说教，鲜有人喜欢看这样的内容。

樊登读书是干湿结合最典型的案例。有"中国讲书第一人"之称的樊登老师，他所做的内容就很好地做到了干湿结合：既极其有逻辑、有体系，能抓住重点，有干货，又能做到很有趣，各种故事张口就来，自家的事、团队的事，均可与书中内容无缝连接。

听众在听的时候，有强烈的代入感；听众听完后，有满满的收获感。只有这样的内容，听众才肯持续收听、持续付费。我们经常听到的"有趣、有料"，是干湿结合；"有故事，有干货"，是干湿结合；"有情绪，有逻辑"，是干湿结合；"又催泪，又发人深省"，是干湿结合；"明明可以靠脸，但偏偏就要靠才华"，也是一种干湿结合。

最后，我以一句金句来总结这部分内容："流量，就是掺了水的干货。"

二、内容的形式有哪些种类，哪些适合搞流量

许多人想要做内容，但是不知道内容有哪些形式，我研究出一种分类法，可以把内容分为短图文、长图文、短视频、长视频、直播和线下演讲这6大类，它们分别对应着不同的场景，具体如下：

（1）短图文对应朋友圈、社群和微博。

（2）长图文对应文章、公众号、出书。

（3）短视频对应抖音、快手、视频号。

（4）长视频对应B站、西瓜视频、小红书、视频号。

（5）直播对应抖音、快手、视频号、私域。

（6）线下演讲对应大会、论坛、会销、线下培训。

以上六大类内容所要求的能力都是做IP必须具备的。

1.短图文

短图文是创作成本最低的，仅1分钟就能写出来。比如发微博、朋友圈，人人都会，哪怕不写任何东西，配张图都可以发。

2.短视频

目前，在所有内容形式里，短视频的爆发性最强。这得益于推荐算法

型的App，比如抖音、快手、视频号的发展。一旦你拥有了超强的短视频创作能力，你的一个视频可能会被几千万人甚至上亿人刷到。

不过，虽然短视频的爆发性强，但是它的变现效率相对低一些。

3.直播

直播的爆发性强，变现效率高。虽然直播的变现效率不如线下高，但是直播的天花板要远高于线下。因为直播不受空间限制，可以1对10，可以1对100，可以1对10万，也可以1对100万。

大家看看刘畊宏的直播间，最高时候200万人同时在线，多么庞大的规模！李佳琦、罗永浩很少拍短视频，但是他们坚持直播，其结果是他们的直播间一年能做到几十甚至上百亿的GMV。流量之多，变现效率之高，令人惊叹！

所以，我强烈推荐所有IP都务必学会直播，不仅如此，还要坚持去做直播。

4.长图文

长图文最典型的就是微信公众号，其次是写书。厂长从开始做IP到现在，一直在持续出书，而且每年都会花好几个月"闭关修炼"，创作出书。

许多人不解：做长图文或者写书有什么好处呢？它的爆发性不强，而且很多人买了书也不看。

虽说如此，但是写书有这几点好处令人无法抗拒：它可以非常好地让IP具备深度思考的能力；它能够让IP的知识体系化、结构化；出版了书籍，对IP来说，人设也会得到升华，因为"铅字崇拜"，别人会瞬间觉得，你是这个领域的专家。

除了以上几点好处，写书还有一点更大的好处：书是可以流传很广、流传很久的产品。我们看那些超级顶流的 IP，如孔子、亚里士多德，他们之所以能够成为一个文明的杰出代表，正是因为他们的书。

我有不少私董，都是在线下书店，比如在机场看到了我的书并买了下来，觉得我的内容很棒，然后看到我有私董会产品，于是加我在书里面的微信，直接下单。

另外，书是可以作为福利赠送的，因为相比课程和电子资料，书、特别是纸质书，价值感超强。我的直播间经常赠送实体书，跟别人连麦，赠送实体书的时候，对方也会觉得非常满意，我直播间的粉丝也都想要。

5.长视频以及中长视频

长视频以及中长视频，门槛很高，要求你会写文案、会剪辑、会配图片，而且还要求你会配背景音乐。

它们的制作成本也很高，一条优质的视频，经过选题、文案、拍摄、剪辑这样一个完整的流程，动辄要花费一个星期。

在国内，B 站、小红书和抖音系的西瓜视频都是适合中长视频投放的平台，这些平台的用户相对而言比较优质，特别是小红书。

6.线下演讲

线下演讲要求 IP 具有较高的控场能力和演讲能力，从而提高了感染力，对用户产生深刻的影响；如果感染力强，变现的效果也就强，变现的客单价也特别高，甚至能到几十万甚至上百万。

在会销现场，很多线下的 IP，一次线下会销的成交额能高达几千万。

总结一下，以上 6 种内容形式，目前最适合引流的是短视频和直播，最适合变现的是直播和线下演讲，最适合提高形象的是长图文，最适合低成本刷存在感的是短图文。做 IP，我们要结合自身优势，考虑对应内容形式的特点，搭配选择，不断刻意练习。

三、如何把一份时间卖N次

接下来我们围绕一个核心点来谈：如何让IP能够高效地产出优质内容？

很多人看厂长每年又做课、又写书，还经常做直播和线下大课，还运营一家公司，以及跟私董做一对一交流和线下活动，就会问我："你怎么有那么多时间来创作？我一年也写不出一本书，感觉厂长就是个超人，什么事都能干，而且都能干得那么好。"

在这里，我要教你一招：加杠杆，把一份时间卖N次，这是一个非常强的杠杆，如图所示。

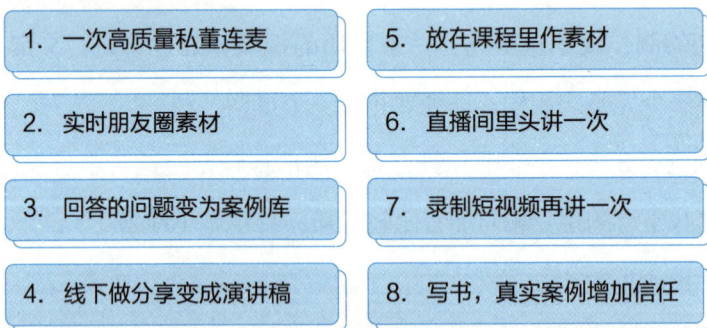

1. 一次高质量私董连麦	5. 放在课程里作素材
2. 实时朋友圈素材	6. 直播间里头讲一次
3. 回答的问题变为案例库	7. 录制短视频再讲一次
4. 线下做分享变成演讲稿	8. 写书，真实案例增加信任

图3-1　厂长的8倍内容素材杠杆

我完成了一次高质量的私董连麦直播，这是第一次。

我把连麦的内容作为朋友圈素材，这是第二次。

跟私董连麦时，我一般会准备20个问题，他的一些优质回答，我会放进我的案例库（我的案例库是什么，后面会讲到），这是第三次。

我在线下演讲的时候，私董的故事和案例就会变成我的演讲稿内容，这是第四次。

我还会把私董的故事案例放在我的课程当中作为素材，这是第五次。

在我自己做单人直播的时候，我又会在直播间分享一次私董的故事案例，这是第六次。

录制短视频时，我会再讲一次，这是第七次。

我还会把私董的案例写进书里头，这就是第八次。

一次连麦，一段素材或案例，厂长在8个不同的场合都可以重复使用。比如，石榴叔教厂长免费练声，然后厂长给他做了定位，并且介绍了N个大咖客户的故事，我就讲了很多次。

这就是做内容的第一个杠杆：把一份时间卖N次。我也称这一招为："一鱼多吃"式创作。

四、IP如何构建强大的内容体系模板

前面我讲到，会跟私董连麦，并将其中一些非常好的故事或案例放进我的案例库。你可能会想：案例库是什么？除了案例库，还有哪些库？

在厂长最开始做内容的时候，我会慢慢地给我所有的内容做分类。然后，我发现：做IP输出无非就是把网状的知识体系变成线状的知识，通过不同的内容形式传递给别人。

对于一个想要高效生产内容的IP而言，如果你可以把内容体系化、结构化，那么你在生产内容的时候就可以非常高效。

于是，我把自己创作的所有内容都放到了九个不同类型的库当中。每次要创作的时候，我就直接从这九个库里调取内容。这就像"乐高积木"一样，先把不同的积木进行分类，从而在搭建的时候能够更高效。因此，

我把这招称为"乐高积木"式创作。

"乐高积木"式创作具体怎么操作？一共有哪九个库？要回答这两个问题，我们首先要看下面这张图。

选题库
3类选题，搞定专家IP的
人设、流量和变现问题

模板库
6种内容形式
均可直接套用的万能模板

抓手库
8大模板
让干货更有干货感

故事库
4大黄金圈
讲述打动人心的故事

结构库
1招绝杀
专家人设的成名作

金句库
5种方法，大量获取
直击人心的金句"文字钉"

钩子库
2类钩子
让你所到之处处处留量

成交库
4步成交法
引爆浪潮式变现

相册库
1条时间轴
记录IP全部相册视频

图3-2　内容九库

如上图所示，我对所有内容做了一个分类，分别是：选题库、模板库、抓手库、故事库、结构库、钩子库、成交库、金句库和相册库。这些库的分类逻辑是什么，每个库应该怎么来整理？下面我们展开来讲解。

1.选题库，3类选题，搞定专家IP的人设、流量和变现问题

为什么我把选题放在第一个？因为一个IP，特别是知识IP，其核心能力就是回答问题的能力。可以说，你的回答直接决定了你做IP是什么结果。

在任何一个垂直细分领域，用户痛点和爆款选题也就不到100个，我们要做的就是找到它们，然后反复拍、反复讲。

我的选题库分为3类，这3类分别对应着IP成长的三类选题。

第一类选题以讲小白热点问题为主，你的目标就是尽量让大多数人能看完你的作品，并且产生互动，进而撬动播放量，实现涨粉目标，让IP有流量。

第二类选题是教科书选题。流量有了，但是IP人设还不够高，所以我们要讲解一些更有专业度、更有深度的问题，让用户认识到，你就是这个领域的专家。

第三类选题是实操选题。人设立住了，我们当前最重要的目标就是变现，而讲实操就是变现最好的方式，我有落地的解决方案，我有靠谱好用的方法论，我有大量的成功案例，你只要找我付费，就可以解决你的问题。

2.模板库，6种内容形式，均可直接套用的万能模板

很多人转型做IP，遇到的最大问题是什么？不会写，不会说。做IP没问题，但是让我写短视频、写文案，这就为难我了。

前期解决这个问题最简单的方式就是套模板，先做起来，找到感觉再开始原创。我总结了短图文、长图文、短视频、长视频、直播和线下演讲不同内容形态的各种模板。

对于短视频，我结合《即兴演讲》这本书的观点，总结了一个四色口播文案模板，分别是：（1）红色：抓手；（2）黄色：观点；（3）蓝色：结构体；（4）绿色；呼吁行动。

（1）红色是抓手。抓手就是用塑造价值来留住用户，让用户看到第一句话，就想留在你这里，停下来把内容看完，正如红灯停。

（2）黄色是观点。优质的内容都有一个核心的观点，观点决定了你的受众、你的标签，这也是金字塔原理，要观点先行。

（3）蓝色是结构体。结构体就是对观点的解释或阐述、结构化输出，它会让整个视频特别有说服力。

（4）绿色是行动或总结。内容看完了，最好就是产生行动，比如关注我、去我首页加微信，这都是行动或总结。

大部分口播爆款视频，都是套用了这个模板。既能吸引眼球、引导完播，还能构建逻辑缜密的专家形象，这是很多知识IP的惯用模板。其他类型的模板，在这里就不做展开了。

3.抓手库，8大模板，让干货更有干货感

如果你只讲干货，那么一定是没人感兴趣的，因此一定要铺垫好每个知识或干货的前因后果，表明你要说的和受众到底有什么关系，否则你视频的完播率会非常差。

其实，每个大IP都有一套抓手模板，我会要求我的团队写4个甚至8个抓手，一个个地发，不火就换一个，这也是一种筛选和进化。

根据我的行业，我总结了8个抓手，都是特别精妙的话术。比如抓手模板一，叫"PUA之否定反问"。"如果你没有通过私域流量至少赚过一个亿，那么接下来我讲的你应该听不懂。"先来打压你一下，你是不是就想看完，搞清楚自己和赚到一个亿的人有什么差距？

如果把"私域"这个词换成你们的行业或领域，那就是你的抓手了。如果你要从0开始做抓手库的话，我建议你去找行业内点赞最高的视频，先总结一下他的句式，然后去记、背，不断总结，这样你一张口说话就是抓手，你的作品数据也会快速地提升。

4.故事库，4个黄金圈，讲述打动人心的故事

所有大IP都在强调"讲故事永远强于讲道理"，因为故事能够将冰冷的数据转化为温情的事情，触动观众内心最柔软的部分，它远比道理更加有传播力。

我的故事库是由4个黄金圈组成的，最核心的是4F故事。4F，即Failures（失败），Flaws（缺点），Frustrations（沮丧），Firsts（初次经历）。比如，我大一参加社团招新时，被来自大城市的同学PK下去，是沮丧；为了买第一台MacBook笔记本电脑，去做教育并管理着几十人，这是初次经历。我经常跟人讲起这些故事，从而拉进跟听众的距离。

4F故事是最私人的故事，不对观众设防，是最能打动人心、引起观众共鸣的环节。讲完自己的故事，还可以讲朋友、导师、学员的故事，讲的时候力求做到真实、真诚。

通过这4个黄金圈，你就可以搭建一个完整的故事体系。

5.结构库，一招绝杀，专家人设的成名作

什么是一招绝杀？给你举个例子，克劳特公司的成名作就是定位理论。定位理论已经有几十年了，这就是他们的成名作，一个单子几百万。

类似的还有华与华的超级符号、乐嘉的性格色彩。我做私域有私域五力模型，我讲创业有创业七步法，以及这本书讲超级个体，对应的"超级个体独孤九剑"。很多知识IP都是用5年到10年打造结构库的。做结构库，是成为一个专业IP非常关键的一步，就像是打地基。

没有一招绝杀的专家，他的人设一定是不稳的，哪怕有流量，他后面的变现也会出问题。我的结构库里有我知识体系相关的全部内容，包括知识点、解决方案、案例、学员反馈等。有了结构库，无论我是讲3分钟、30分钟，还是3小时，我都可以从容应对。

6.金句库，5种方法，大量获取直击人心的金句"文字钉"

金句库是ROI最高的库。听过我的直播和课程的人，都知道我特别喜欢创作金句。比如，"书中自有黄金屋，心流带来现金流""若非生活所迫，

谁都不愿意自己搞得一身才华"。这些其实就是我的一个"文字钉"，我总结了打造金句库的5个来源：

（1）**书籍**：这里有个小技巧，搜索某某书籍+金句。

（2）**杰出人士发言语录**：微博、抖音、知乎、说说、饭否，搜索"**杰出人士+金句**"。

（3）**抖音**：有很多金句的爆款短视频，截图记录下来，火过的都会再火。

（4）**论坛**：多找论坛的金句、论坛总结，或者论坛杰出人士使用的PPT。

（5）**文章**：经常会有各种碎碎念的金句合集，或者创始人的金句合集。

把这些汇总到一起，不断练习背诵，等你拍短视频、做直播、演讲的时候，配合后面的成交库一起用，真的是威力无穷。

7.钩子库，3类钩子，让你所到之处处处留量

在存量竞争的时代，用钩子四处引流，用社群管理私域，是一个IP获取利润的重要手段。

我的钩子一共有3类：

第一类是人设钩子，这是基于你的成绩和经历设计的。我曾用一篇长达8000字的文章来作人设钩子，这篇文章叫《我如何7年打造3000万私域年变现6.3亿》。通过这个钩子，我引流了20000人。我的书《肖逸群的创业手记》也是一个价值感非常强的钩子。

第二类是干货钩子，一般是电子资料，是基于行业和用户痛点，从用户需求出发设计的。比如合同模板、口播模板、私域SOP一类的。

第三类是产品体验钩子，比如1元体验课、护肤品的小样，我以前冲规

模、冲上市的时候，就是用这种钩子课做低转高，效果非常好。

记住，钩子想要发挥出效果，钩子本身是1，相关话术、SOP是0。有的时候这个文档本身并不重要，你的话术、运营技巧和整个链路才更加重要。

8.成交库，四步成交法，引爆浪潮式变现

绝大多数人做IP一定是为了成交变现，在保证交付的前提下，一个IP销售能力越强，他的商业价值就越高。我的成交库是完全按照我原创的成交四步法来总结的，一共有四个板块，每个板块对应成交四步法的一个步骤，又对应销售灵魂四问的一个问题，完全能成为体系。这四个板块分别是：

（1）亮身份。这个环节主要是破冰、点题和讲故事，通过暖场互动、自我介绍、发红包、发福袋、讲故事的方式，让观众对IP本人产生亲近、产生信任，甚至产生崇拜。这样他就会持续停留在你的直播间，或者线下的成交会场，这是我们做成交的前提。这个板块是回答"为什么客户听你讲"的问题。

（2）抓需求。这个环节主要是找出痛点、爽点、卖点。很多做IP的新手一开始都喜欢直接介绍产品，这其实是不对的。需求优于产品，潜在顾客一定是先需要这个产品，才愿意听你的产品介绍，不然大部分人都会直接离开。你可以和我一样，提前积累话术，去戳痛点、造爽点、引卖点，让用户实实在在感受到产品的好处和利益。这个板块是回答"为什么客户要买你的产品"的问题。

（3）建信任。这个环节重点是背书案例、消除顾虑。这些我建议你提前准备好，标记好标签，根据你做直播、做成交的节奏，把这些话抛出来，用来打消客户的顾虑，使他不选别家，一定要在你这里下单。这个板块也是回答"为什么客户要买你的产品"的问题。

（4）促成交。这个环节主要是造势算账和限时限量。前三个环节已经把气氛烘托到位了，需求已经挖得很痛了，产品也已经被介绍得很完整了，这个环节，你的目标很简单：回答"为什么客户要立马下单"，把各种逼单、倒计时用好，让用户下单就行了。

9.相册库，1条时间轴，记录IP全部相册视频

想问读者一个问题：你们都看过十年体的视频，请问爆款十年体都有什么共同点？

我分析过爆火的十年体背景音乐，也就那么三五首，连文案整理逻辑都是一样的，能不能火，就是看照片好不好——只要你的照片足够真实，能和现在的自己形成反差，就能让用户很有代入感。

短视频时代，一图胜千言。我现在最后悔的就是没有完整的记录，来给你讲我是怎么同时操作10个iPad，怎么同时维护几十个群，怎么通宵修改完数百页的投资融资协议的。这些事我当年都做过，但是没有给自己拍下来，如果我记录下来，我就可以直接晒图。

这里强调一点，你的相册库不是给自己看的，而是让你的团队快速找到素材。我相册库的逻辑就是一条时间线来记录小学、中学、大学，以及创业第一年、第二年，十分清晰。

给你个重要建议：一定要运营好你的相册库，这将节省后续大量找图片的时间。

这里有两个关键词："适合自己""生产线"。

1.适合自己

什么叫适合自己呢？有两点含义：其一，适合自己的创作方式；其二，适合自己的产品销售。下面我详细说一下。

（1）适合自己的创作方式。比如，有些人特别爱文字输出，有些人则特别喜欢直播，有些人就特别不适应直播，但很擅长做线下演讲。不同的人有不同的擅长领域，这就叫适合自己的创作方式。

（2）适合自己的产品销售。比如，如果你的产品是电商，而且品牌供应链都是自己的，那么你最好能拍一些供应链的内容，就需要用到短视频、Vlog（视频博客）等。

再比如，我的核心产品是私董会，其核心权益是跟私董一对一交流，以及跟私董做连麦，那么，我的内容生产线就要围绕一对一交流和连麦的权益进行。这样创作出来的内容就更有利于产品的销售转化，相当于做到"销售前置"，让别人看完你的内容之后，就能够了解你的产品，增加对你的信任，更有利于后续的产品销售。

2.生产线

这条生产线对应前面内容三要素的"持续产出"，也就是你要把内容的生产做成一个工业体系。这就意味着，你必须持续地让这条生产线按时上下班，这是工业化的前提。

我身边的私董，有一些在抖音是顶流IP，他们每天一口气地直播6个小时；有一些拍短视频的，他们每周都要录制一下午，每次录制4个小时；有一些做私域IP，他们每天都发5条朋友圈，每次发圈都要写10分钟以上；有一些写书的，他们每天都产出1万字。

同时，生产线上一般会有很多人，有些IP就靠自己，但力量有限。如果要上升到工业化生产，一般都得有个内容团队。IP本人负责非常核心、非常重要的环节，而其他人则帮助IP来完成一些相对次要的事情。

比如，IP负责内容生产和把关，其他人负责剪辑、提供选题建议、拟定初稿、配图、跟拍等，可以帮IP分担30%—50%的工作量。这样，IP可以把更多的时间和精力放在核心环节上。

我拿自己生产口播短视频的内容生产线的案例来给你拆解一下。我有段时间讲创业和商业，把短视频的生产分为7个流程：（1）选题；（2）要点文案；（3）拍摄；（4）剪辑；（5）修改；（6）上传发布；（7）维护评论及互动引流。

在这7个流程中，我和我的内容团队是这么来配合的：

（1）每天上午，会有个内容站会，我的内容助理会挑选最近两周最火的选题给我，由我来决定哪些拍，哪些不拍。

（2）确定之后，我的助理会提供一个他的角度的要点文案，把10多个选题和要点文案发给我，攒一星期，差不多就有了50个选题。然后我每到周末，都专门花一天时间，把自己对每个问题的回答想好，再整理成要点文案。

（3）再然后，每周挑一个下午，比如我是周四或者周五下午，根据提前准备好的选题和要点文案拍3个小时。

（4）拍完之后，我就把拍摄素材给我的内容助理，他来做好标注，采用哪些，要有什么剪辑效果，然后把素材和剪辑描述发给剪辑人员。

（5）剪辑人员做好之后，他会自己先提一遍修改意见，发给我后，我再过一遍。在一开始的磨合阶段，我会提很多修改意见。慢慢地，助理掌握了我的品味之后，他改好的，我基本都能通过。

（6）在我确认了终稿之后，他会自己写好视频标题描述，随后上传发布到我的抖音、视频号、小红书等账号。

（7）他还要持续跟踪内容数据，观察评论的走势，判断素材要不要买豆荚，以及有引流的内容应该及时回复和引流。

这就是一条内容生产线。建设内容生产线的时间是很快的，差不多走几遍就可以。但是要让内容生产线持续运转，IP本人和团队都要做到三个要点，分别是：海量输入、大量输出、反复迭代。记住这三个要诀，从而摸索出一套效率最高、产出最多爆款的生产线。而且，不同IP的内容生产线，甚至同一个IP不同时间的内容生产线，也完全不一样。

IP做内容，不可能全部的内容形式都做，比如今天做一个短视频，明天写一篇文章，后天做一场直播，没有任何章法，效率也很低。所以一定要工业化，持续输出、团队作业，这样你的内容产出才能高效、持久。

一些IP可以做到每天发六七个短视频，还能经常出千万播放的爆款，这背后凝聚着他们的思考、逻辑，以及超强的执行力，而这一切的核心，就是打造一条"工业化"的内容生产线。

第七剑：一份随处发放的见面礼

流量如果不加到私域，就等于零。

我还在做操盘手的时候，曾经算过一笔账：一个粉丝，如果在公域关注了你，他的平均变现是2元；但是如果你能把他通过见面礼，也就是通过钩子引流到私域，那他的平均变现就很有可能是200元。这就是私域的力量。

我在全网有100万粉丝，这个数据对我来说其实不算什么。真正让我底气十足的是，我在全网的100万粉丝中竟有10万沉淀到了私域。

公域的粉丝，都是平台的；而只有沉淀到私域的粉丝，才是你的资产。所以，再强调一遍：加微信这个动作虽然简单，但是做与不做就是1和0的本质差别。

无论你在公域有多少算法流量，一定要有危机感，不要等到流量没了才后悔自己没有留存私域。我以前自己踩过坑，也见过太多血淋淋的例子，经常收到一些抖音大博主跟我私信："最近流量掉得厉害，怎么快速把流量转移到私域？"当公域流量已经掉下去之后，再做这样的动作为时已晚。

　　所以，我们一定要学会通过见面礼——用你的钩子，把流量沉淀到私域。

　　本节，我将通过4个问题带你学会我们"超级个体独孤九剑"的第七剑。这4个问题分别是：

　　1. 为什么要做见面礼？

　　2. 好的见面礼有哪些特点？

　　3. IP应该如何设计自己的见面礼？

　　4. 如何提升见面礼引流加私域的效率？

一、为什么要做见面礼

1.见面礼是引流加私域的重要手段

　　前面其实讲到了私域的重要性，而见面礼是引流加私域的重要手段。比如，加我微信，我送你一份电子资料、一本电子书等。我的"私域成交四步法"第一步就是：钩子加微信。

2.好的见面礼可以做到销售前置

　　比如，你送一门课的思维导图，或者送你们某个产品的体验装，通过这个见面礼，你就可以提到你的产品，并且让大家收到和体验见面礼后产生付费购买产品的冲动。

3.好的见面礼可以提升IP的人设

　　变现最高的人设是专家人设。而实体书或实体书的电子版是提升人设最好的见面礼，所以我经常在我的直播间或者跟人连麦的时候送实体书。这样大家就会觉得，实体书是有实际价值的，一本书包邮怎么也得三四十元。另外，如果这本书是在作者直播间赠送的，甚至带上了作者本人的签名，那么这将成为一个非常好的提升人设的手段。因为每个人都有"签字崇拜"。

4.见面礼设计得好，具备二次传播性

见面礼，特别是干货类型的见面礼，如果设计得好，就会具备二次传播性。大家收到之后，会有不少人将其转发到微信群，甚至转发给自己的朋友，从而带来二次传播。

很多IP深谙用户这一心理，于是特地在见面礼的PDF文档中加上"内部资料，不得对外转发"这样的字样。实际上这只是一种暗示和提示：本资料实属非常宝贵的干货，请疯狂转发，疯狂扩散。而干货PDF中有他们的二维码就恰好佐证了这一点。

二、好的见面礼有哪些特点

1.成本低但价值感强

只有价值感强的产品，大家才会特别想要。在公域、在直播间、在线下，才会有人愿意付出一定的成本来加你的微信。

成本低这一点比较好理解，因为是白送的，如果成本太高就不划算。

2.领取方便

好的见面礼要有领取方便的特点，电子文档是最合适的——我们只需把电子文档装进收藏夹，加微信后直接点开收藏夹发送就好；视频资料可以放进百度云，通过复制链接来分享文件；如果是纸质书，或者其他实物，我们就制作一个表单，对方填写收件地址信息后，我们直接安排团队成员给对方寄送即可。

3.跟IP或产品结合，销售前置

见面礼一定要体现IP或者IP的产品，比如说，IP自己独创整理的100个

万赞口播文案，或者IP自己的创业经历等。并且，在正文当中，要体现IP自己独有的内容，讲一讲这个干货是怎么来的，为了制作这个干货你花了多久，或者这个干货是来自于你某个产品。此类描述是必不可少的，只有这样，才能保证你既完成了私域的加粉，又能够实现销售前置。一定要让对方领取到后，只要浏览就能关注到你的产品。

不过，有个细节我们一定要注意，就是见面礼跟产品的替代效应。毕竟见面礼是免费发放的，跟产品还是要拉开一些价值的，否则，潜在客户就没有了付费的动力。

三、IP应该如何设计自己的见面礼

我前面已经提过，在我的内容九库中，有一个见面礼库，它被我称为钩子库。只不过钩子是IP视角，而见面礼是客户视角。在我的见面礼库中，对见面礼做了以下三个分类：

1.人设钩子

这类钩子是基于你的成绩和经历而设置。比如我用得最多的一个钩子是《我如何7年打造3000万私域年变现6.3亿》，这是一份8000字的PDF文件。在我早期做IP出去讲课的时候，我都会在讲座结尾讲述这个钩子，希望通过这个钩子来引导大家加我的微信。这种钩子非常有利于树立人设，大家对此非常好奇，看完之后也会对你有一个更清晰的认知。很多IP都在用这种钩子。

我的书《肖逸群的创业手记》，是一个更强、更有价值感的人设钩子，我一般在比较重要的场合才会使用它，而且我会限量。出书对你的帮助真的很大，所以如果你要做高价值的IP，一定要出书。

2.干货钩子

干货钩子一般是以电子资料的形式出现。在设计这种钩子的时候，要基于行业或者用户的痛点，搞清楚什么东西是大家最有需求的，尤其是零基础的人最有需求。比如，做私域养号SOP，就是所有人都需要的一个文档；再比如，做短视频口播、选题和文案模板，也是所有人都需要的一个文档。

3.产品体验钩子

以体验装、体验课为钩子。最典型的就是知识教育领域的三天体验营，给大家一次试听的机会；还有护肤品的体验装，给大家一次试用的机会。这种钩子一般在投放的时候会用到，我以前冲规模、冲上市的时候，正是用这种钩子在公域获客，引流私域。3天体验课，每个月投放几千万，最多的时候，我们1天就加2万人的微信。通过3天的集训营，来转化高客单课程，效果非常好。

产品体验钩子最大的特点就是利于转化，但这也是它最大的缺点，因为它带着明显的销售色彩。这可能会让一部分群体，特别是企业家群体产生反感，明眼人一看就知道你在套路他。所以，我们要基于自己的业务和人群来设计匹配的钩子。

除了上述三种做钩子的方法，其实还有个特别简单的方法，就是观察你的竞品和同行在用什么钩子，直接参考借鉴。

四、如何提升见面礼引流加私域的效率

如果要用两个字来总结，那这两个字就是"话术"；如果要用四个字来总结，则是"价值铺垫"。因为钩子或见面礼都是一些成本比较低的东西，

甚至仅仅是一些干货资料，给人的感觉是它的边际成本为0。如果只是用这种电子资料来做价值铺垫，根本就不会有人想要领取。

任何场合你都要在合适的时机引导出你的见面礼，然后为这份见面礼做价值铺垫，突出这份见面礼对你产生的效果，以及你为了整理这份见面礼花费了多少时间，经历了什么过程。无论是在短视频、直播间中，还是在书里，你都可以这样说。通过这样的话术来塑造见面礼的价值，从而将流量很好地引导到私域。

下面厂长分享一下我的见面礼话术，这个话术也借鉴自几个IP大神的子弹视频，供参考。

"这份我整理的私域流量运营宝典，是我7年以来第一次在视频号公开，我从300好友扩展3000万私域，到2020年公司年入6.3亿的秘密，我踩过的坑，总结的变现技巧，发现的成交秘密，全都浓缩在这份8000字的独家笔记里，你一定要读完。特别是正在创业或准备创业的老板，以及想升职加薪的打工人，一定要拿一份去看看。"

"我送给你的是PDF，而不是纸质版，手机、电脑打开，在哪都能看，非常方便。当然，比这更重要的是它的价值和读完能给你带来的收益。"

"身为一个创业者，如果你还不知道搞私域流量有多重要，就不要来找我拿了，因为这对你也没有什么意义了，哪怕是免费送的，我也希望能送给那些更加需要它的人。如果你也想要，进我的主页就能领走这份电子书！"

"现在流量这么贵，你一定会需要这份私域流量笔记。在我眼里，它的价值就有1个亿，因为这是我创业7年来，操盘100多个项目累计变现数十亿总结的私域五力模型，你拿去直接用，它一定能给你带来不少的帮助。"

现在我把这份PDF送给你，扫描下方二维码，关注厂长的公众号，回复关键词"8000"获取这份资料，助手秒回。

除了话术之外，还要注意一个细节，那就是及时回复。比如，你先是通过抖音或者小红书后台私信引流，那么，影响最终转化率的回复时间也非常重要。这时，最好做到秒回，或者10秒钟之内回复，这样对方的体验会很好，刚好在最想要加的时候，你给我发来了你的微信，添加率就会很高。如果你隔了几小时甚至几天再发送，那个时候，用户的想要感和新鲜感就过去了。所以，做公域转私域，一定要重视这个细节。

第八剑：一节"印钞机"般的公开课

本节内容是"超级个体独孤九剑"的第八剑，可以说前面的七剑，七招都是在为这一招做铺垫。

我们这里讲的"印钞机"般的公开课，是IP做成交，特别是批量成交的一种形式。除了公开课，还有社群成交、销售信、短视频、朋友圈、线下会销等非常多的形式，但这些内核其实都是一样的。

我们以效率最高、杠杆最高，我认为也是潜力最大的公开课为例，给大家讲做成交的底层逻辑。

那公开课应该怎么设计才能让流量最高效率地变现呢？

回答这个问题，我们需要切换视角，站在"客户"的立场来思考，我们应该如何做公开课，如何做批量成交。

换位思考过来，我们其实需要回答客户的这四个问题，分别是：

1. 为什么听你讲？

2. 为什么要买？

3. 为什么要买你的产品？

4. 为什么现在就要买？

虽然客户不会主动说这四个问题，但当我们清晰、坚定地回答了这四个问题，我们其实就完成了一次精彩的公开课或招商会。

我建议每个成交IP，每个主播都把这四个问题背下来，然后自己做直播的时候，就设想你的镜头对面有客户对你提问。你做直播，就是在回答客户的这几个问题，从而让自己有更好的对象感，能发挥出更好的状态，实现精彩的批量式成交。

接下来是本节的核心方法论——**四步成交法，让你打造"印钞机"般的公开课。**

批量式四步成交法由我梳理。最开始这些步骤，都是来自我们跟签约IP的长期磨合。

我做操盘手期间的业务是在线教育，可以理解为一个专门签约英语和知识IP的MCN。

我们每年跟几十个老师签约，然后开始打磨产品，打磨公开课，同时在公域买流量，把流量通过见面礼或体验课的方式引流到微信之后，就在私域和社群做成交，主要是做公开课。

在公开课里头，老师既要讲干货，又要做成交。

我们跟老师签约、打磨产品一般要1个月，而产品上架后，打磨公开课要打磨3个月，每次公开课都要投放10万到20万的流量费用。

老师讲完一轮公开课之后，我们就看ROI，看看这次最后成交了多少钱，假如投放了15万元，成交了45万元，那么ROI等于3，铁定赚钱。ROI如果只有1，也就是投放15万，但成交了15万元，这就不赚钱，而且还血亏。

因为我们的税费、老师课酬分成、履约费用、销售提成、服务器费用都不低，如果ROI只有1，那么铁定亏钱。

所以，我们每签一个老师，在这个老师身上光投入推广费就要100万元，还不算其他的人工成本。

在这三个月里，我们内部每次跑完一轮投放和成交就会做一次复盘。

如果三个月跑完所有预算，效果还是不行，我们就终止放弃项目。如果投放的ROI持续保持在盈亏平衡线以上，我们就会不断加大投放力度。

在我们公司，如果一条业务线能够跑到月流水1000万元以上，就算是航母级IP业务线。而我们凭借着这套花了上亿学费总结出来的打磨公开课的方法论，跑出了好几个航母级IP。

这四步成交法每个步骤，都对应前面灵魂四问的一个问题，分别是：亮身份、抓需求、建信任、促成交。

这个四步成交法我们内部已经运用得炉火纯青，现在，我自己每次准备做一场公开直播，或者写一封销售信，或者做一次社群成交，都会用这个四步成交法。

接下来，我带你拆解一下这四个步骤的具体方法论。

第一步：亮身份

回答"为什么听你讲"这个问题。

一般公开课，都是听干货来的，但我们为什么要讲干货？核心目标其实是亮身份，立住专家人设。

为什么是专家人设？因为专家人设是最好的成交人设。

那怎么更好地亮身份，让潜在客户听你讲，听你卖呢？七个字，**破冰、点题、讲故事。**

1.破冰

所有的公开课直播间，主播刚上播需要做的就是**破冰**，快速拉近和听众的距离。

不同的场景，破冰的方式也不一样。这一招，我教给你三大具体的破冰法宝：**红包、福袋和提问。**

前两个法宝是红包和福袋，这两个性质比较像，不管是直播间、社群还是线下会销场，上台之后发红包、发福袋都是最简单、最直接的破冰方式。

另外，很多主播开场的时候，其实是有点紧张的，这个非常正常。发红包或者福袋的方式，既可以让场子热起来，又能让自己也快速进入状态，完成一次破冰。

现在不管是在私域视频号，还是在公域的抖音，都有发红包的功能。很多主播一开始上播，不知道怎么引入的时候就发红包、送福袋。

第三个破冰法宝是提问。提问可以快速让你的受众参与进来，迅速感觉到这场分享跟自己相关。在开场时提问，你可以快速切入到主题。很多老师的干货都会设计成对问题的回答。

开场的时候，提出一连串特别吸引人的问题，勾起观众的好奇心，拉进跟听众的距离，然后说："我的这节课就是对这几个问题的回答。"通过开头设置提问，还可以非常好的提升完播率，也就是用户停留时长，这也是影响公开课转化极其重要的一个因素。

除了开场，提问思维也应该贯穿我们成交全程。在后面确认需求、假设成交等环节都可以用提问的方式。

你要把提问变成一种思维、一种惯性贯穿始终。通过提问，让潜在客户感觉你的内容跟他有关系，你的产品跟他有关系，而且有很大的关系。

请注意，成交销售不是向客户卖东西，而是帮助客户买东西。这是一种最底层、最基本的信念。而每次提问，都是在强化自身换位思考的意识。

2.点题

这里的点题，指的是要直奔主题。大部分公开课的主题都不会直白地告诉对方，而是以主题分享、干货分享、故事分享、公开课的形式出现。

当然，双十一活动场直播带货，或者事业说明会的场景除外。人家就是卖货、招商、卖赚钱机会。

既然是干货、公开课、观点分享，就一定会事先做主题宣传，别人觉得有收获才会跑过来听你讲。

所以，我们完成了破冰之后就要点题，就要快速进入到主题，不然听众会不耐烦。

主题这部分，我们分两部分展开，第一部分是如何引入主题，第二部分是如何分拆主题。

在**主题引入**的过程中，如果直接这么开始，"大家好，我今天的要讲的主题是……"

这句话说完大家肯定一半要走，一半要睡着，因为太枯燥了。

引入主题的方式有三种：分别是提问、故事和事实。

提问要有吸引力，故事要有针对性，事实要有震撼力。

比如，乔布斯在最为经典的斯坦福毕业演讲里，他引入主题和后面观点的方式，就是讲了三个小故事。

比如，一个给老板人群卖保险的销售，引入主题的方式，就是用一个极具震撼力的事实：在中国，老板人群的平均寿命是47.8岁。

再比如，刘媛媛在《超级演说家》上，那个全网破亿的寒门贵子演讲就是通过提问的方式来破冰和点题。

接下来就要对主题做拆解，你的观念或者干货是什么？

一些人比较喜欢结构化来做分享，金字塔结构，层层递进；而一些人比较喜欢散点状来做分享，跟着自己思路来，很意识流。

这些都没问题，但这里的核心就是：成交分享的干货不必太多，有几个对人极其有启发的点就够了。

干货感，比干货更重要。

3.讲故事

其实听完干货会让人很累很困，注意力需要持续高度集中才可以理解，高强度的干货往往会让大部分人难以接受。

另外，很多人喜欢讲干货，但是不爱讲案例。其实，干货就那么多，道理也没有那么复杂。重点得让大家觉得有干货感、收获感，核心是案例，也就是"连续验证"。

所以，我们亮身份的最后一个最为重要的要素是**讲故事**。

故事和观点、故事和干货要紧密结合。观点、干货，别人听完了就学走了，你是谁、你有哪些故事，这些才是后面成交和下单的核心。

一般来说，主题明确后接下来的观点和故事有两种结合的方法。

第一种是先观点后故事，比如，总共五六个观点先提一个观点，讲两三个故事。其中一个故事用来解决顾客的反对意见，另外一个用来跟竞争对手做比较。比如，谁用了其他家的产品不行之后来找到我，我给了他一些建议后效果非常好。

第二种是先故事后观点，先讲故事然后再总结观点或者方法论。

不论你选择哪种结构，都要注意：

第一是必须要有观点，要有干货，要有方法论。你的主题延伸开来，要有一些核心的理念。让大家觉得，自己之前思考是不对的，或者强化大家心里的一个理念，能够有"干货感"。

如果你单纯讲了故事，说得再精彩，听众听完之后也是"哈哈"一笑就结束了。你不能引发他们的思考和沉淀，就没有"获得感"，没有"干货感"。

所以，必须要有观点总结，也就是我们称之为：干货。

第二是必须有故事。一场分享如果只有干货，只有理念、方法论，那么准备这场直播的人很累，听众也很累，最后的效果会很差。

因为你的听众既没有消化你的观点，也没有对你建立一个高认知，更别说喜欢和崇拜。

那讲什么故事比较好？最好的故事是你自己的故事，自己运用这套方法论或观点逆袭、拿到结果的故事。

其次是自己的客户、学员的故事，他们因为接触到了你的这一套方法论而发生了怎样的改变。

最后是杰出人士、明星企业的故事，大家一听就懂，能够验证你这个方法论或观点是正确的。

第二步：抓需求

很多人回答"客户为什么要买"这个问题时，都会直接介绍产品，这其实是不对的。

需求在产品之前，潜在客户一定是先需要这个产品，才愿意听你的产品介绍，不然大部分客户都会感觉很生硬，直接离开。

那要如何唤醒客户的需求？**七个字，痛点、爽点、引卖点。**

痛点的本质是缺乏感，缺乏感就是理想与现实之差。最大的缺乏感来自恐惧，然后是成瘾，其次是渴望，最后是需要。

爽点的本质是满足感，一个人的痛点没被满足就会感到难受、不爽以及恐惧。如果在寻求中可以得到快速的满足，就会感到爽，所以爽点就是满足感。

每个人都是趋利避害的生物，每个人生来都追求快乐，逃离痛苦。

痛点到爽点的解决方案，就是卖点。客户并不是为你产品的成本而买单，而是为你产品的卖点买单。卖点就是满足客户缺乏感的解决方案，它的承载方式就是你的产品。

了解了这三个概念以及重要性后，我们接下来具体应该怎么来做？

第一，戳痛点。这里我用了"戳"这个字，作为成交IP，在做公开课成交的时候，就是要不留余力地去戳用户的痛点。对痛点戳得越痛，客户的恐惧感越强，缺乏感越强，对卖点和产品的需求就越强烈。

我把戳痛点总结成两个口诀：**感观、心理和场景，缺乏、渴望与恐惧。**

前半句指的是我们在戳痛点的时候，要结合具体的感观，也就是你看到了什么，听到了什么，尝到了什么，闻到了什么，以及触碰到了什么。

或者结合当时的心理状态，你当时是怎么痛苦、难堪、愤怒、嫉妒、自责、恐惧。

再或者结合非常现实的场景，比如寒冷的冬夜，你独自一人去将要破产的公司，变卖所有办公桌椅。

前面的感观描述、心理描写以及场景展开，最后都要落实到后半句，即客户的缺乏、渴望与恐惧。

恐惧是最大的缺乏感，恐惧这样的事情再次发生，多么渴望一个解决方案。当客户听到这样感同身受的描述时，就能够快速代入并感同身受，从而更精准地被戳中痛点，刺激需求。

这里，我要用一个非常经典的痛点描述案例——55度恒温杯。这个案例中，设计师讲述了一个具体的场景，结合感观，自己的心理，以及家人的心理，戳中了每个人的痛点。听完这段之后，如果你也是一位家里有不太大宝宝的父亲，有没有很想买个55度恒温杯呢？

以下为设计师自述：

我38岁的时候，我的小女儿当时不到两岁，还没有桌子高，小女儿说渴了，然后这时候爷爷往往比妈妈爸爸还要主动地到厨房，倒了一杯100摄氏度的刚烧开的水，爷爷还有意地放到了桌子中间。结果女儿的那个水杯有绳，女儿跳起来，把水杯绳一拉，整个100摄氏度刚烧开的水烫到了女儿半张脸面积的胸脯，整个皮全被烫翻开了。

当时女儿在惨痛地叫唤，我们真的傻了，完全没有遇到过。我抱着女儿赶紧去了北京儿童医院，医生说你的女儿被烫得太厉害了，需要住院15天，手和脚要绑着。差15天两岁的女儿，一个人怎么行？我问医生我们能留在医院看护吗？医生说我们在门口一天只能看45分钟，不能进来看，防止细菌感染。当时我和我的老婆看女儿撕心裂肺地在喊着妈妈，心痛不已。

我天天跟别人说我是做神器的，做了那么多产品，但是面对女儿被烫的那一幕，我完全手足无措，我觉得作为一个设计师，无比的惭愧。这个痛点在我的心里整整留了两年。

直到有一天，我们洛可可快10年的时候，我们所有设计师说：我们天天给世界500强做设计，我们这回给自己做一款设计。然后我给我的设计师讲了这个故事，说出了我这个痛，我的设计师说那既然是我们要做众创，那我们几百个设计师一起来做。

终于我做了一个杯子，100摄氏度的水倒进去，摇一摇，摇十下就变成了55摄氏度。然后我给了它一个Slogan：要送你一杯子，暖你一辈子。这个杯子变成了暖男神器，男生不再送女生玫瑰了，送温暖的杯子。

我突然发现我本来是给女儿做的一个安全的杯子，突然变成了男孩们喜欢的杯子，女孩们喜欢的杯子，老人们喜欢的杯子。我觉得这个世界变了，互联网人走到前台拿一个产品可以说自己是互联网人，设计师也可以走到前台拿一个杯子说自己要温暖这个世界。

第二，造爽点。有了爽点，潜在客户可以真正切实感受到理想、满足、美好、快乐的画面，他的需求也会更加明确。

这里有个口诀：如果假设和只要，满足幻想与快乐。

我用了"造"这个词，爽点是需要我们去营造出来的。所以造爽点的句子往往是以如果、假设、只要这种文字开头，然后结合感观、心理、场景来营造满足感，营造被满足的快乐与美好。

就拿我们"印钞机"般的公开课来举例，用一个排比句来呈现这个课程产品怎么来造爽点：

只要你学会了成交公开课，然后把超级案例作为自己冷启动的方式，就可以让你一个人实现浪潮式变现，销售团队大幅度缩减到1个人，但是你的业绩可以快速提升3倍到5倍。

只要你学会了成交公开课，你就不用自己去找客户，你的客户会源源不断找到你，快速扩大你的品牌知名度。

只要你学会了成交公开课，你的直播间不仅可以持续进人，而且各项数据指标都会高得惊人，直播间的人更是会像浪潮一样下单。

曾经一个单场直播GMV300万的大咖跟我私下说："公开课直播间卖得好不好，主要看你能不能把话说得比较'满'，这里的'满'就是造爽点。"

当然，这里我也要提醒一句，爽点造得太满就会带来一个问题：过度承诺。

第三，讲卖点。前两个步骤，我们戳了痛点，让客户产生了缺乏感；造了爽点，让客户产生了对满足感的渴望，那么中间的落差怎么填补呢？就靠我们的卖点。

卖点是一整套解决方案，是能够让我们赚到钱的标准化产品。

图3-3　"痛点""卖点"及"爽点"关系图

再次强调，客户本质上买的不是你的产品，而是从痛点到爽点的解决方案，我们称之为卖点。

把产品和卖点结合，让客户明确感知到你的产品对他的帮助，关系到他的利益。

我们回答客户为什么要买，在这里，我给你介绍个老司机都在用的口诀叫：**特点优点利益点，带上事实和证明。**

特点，指的是产品特点。它是一个中性词，比如名词、描述词、量词，一定不是形容词。主要从产品的结构、技术、生产流程等角度出发，来传达这个产品固有的特点，一定是客观和理性的信息。

有了特点就要转**优点**，优点是特点衍生出来的，特点是中性词，而优点一定是形容词、褒义词。突出产品与其他产品相比的好处，但同样也是客观的信息。

比如，厂长的《创业七步法》这门课是线上录播课，这就是一个特点，而录播课相比直播课、线下课的好处就是不受时空限制，听课非常便捷和高效，而且可以反复回听，还可以倍速播放，这几个就是录播课的优点。

特点和优点都是客观信息，而**利益点**就是主观的信息了。利益点是优点衍生出来的，能够站在客户立场，以客户为中心，能为客户带来好处和利益。这里的转化非常重要，这是新销售和老销售的最大差别。

对客户来说，利益点就是你不论是在任何地方，只要打开手机就都能随时随地学习。

直播课还得跟老师匹配时间，错过了可能都没有回放，而且直播课的效率很低，里面有很多没必要的话。录播课都是干货，还能倍速播放，可以快速提升你学习的效率。你学习1小时录播课，抵得上3个小时的直播课。

对IP博主来说，时间就是金钱。省出来的时间，你可以拍视频，自己卖课，能多赚几万块钱。

另外，有不懂的知识点，你还可以反复回看，直到你看懂了为止，所以录播课非常适合你学习，节省了大量的时间，而且非常高效。这里的节省时间，以及高效学习就是利益点，是主观感性的信息，是可以让潜在客户实实在在感受到好处的利益。

最后，还要带上事实和证明，让潜在客户真正相信你。

比如，拿我自己来举例。我买课程从来不买直播课，因为直播课的时间太难凑了，万一我的时间跟老师直播的时间冲突，就赶不上直播了，而且直播课老师很多互动，干货密度少。然后，给大家展示一下，自己的iPad里头保存的录播课视频。

这个口诀不是厂长纯原创，而是改编自营销销售学科非常重要的一个理论：FABE法则。FABE指的是Feature（特点）、Advantage（优势）、Benefit（利益）、Evidence（证明）。这套理论已经流传了很多年，到现在依然是很多销售的必修课。厂长这句口诀的后面部分"带上事实和证明"非常重要，下文讲的就是这个。

第三步：建信任

客户为什么要买你的产品？也就是客户为什么要相信你，不选别人家，而是一定要在你这里下单呢？

有七个字的口诀：背书、案例、消顾虑。

1.背书

亮背书也叫权威转嫁、专业认证、权威认证、大咖证言等。

我以前签了好几位英语名师，为了提升老师的背书，我还找到APEC未来之声的组委会，把我们的子品牌"趣课多"和英语老师推荐给了他们。

在对产品和老师的专业度认可下，"趣课多"App获得了"第十二届APEC未来之声志愿者官方指定英语培训平台"的称号，一位"趣课多"签约的明星老师获得了"第十二届APEC未来之声志愿者英语培训总教练"称号，两位老师获得"第十二届APEC未来之声志愿者英语培训主教练"称号。

获得了这样权威的官方背书后，我们签约的英语老师在做直播的时候，一亮出对应的证书微博截图，然后解释一下什么是APEC会议，表明有哪些国家的领导人参加，影响力多大，要成为官方合作伙伴多难，筛选多严格。学员就会产生非常强烈的信任和认可，付费转化也大幅度提升，这成了我们打破壁垒的撒手锏。

做好背书主要得做到以下两点：

（1）要提前获得有利于转化的背书。

很多人在批量成交的时候，容易把一些不存在的虚构事实，作为背书。这么做会构成欺骗或虚假宣传，做得越大，风险越高。

做成交一定要做好充分的准备，之前就要准备好对应的背书，比如找大咖站台要拿到对应的红头文件截图，甚至对应的视频等，然后提前准备好制作的PPT，或者手持卡牌。

这里就要有一个思考，背书一定要能够有利于转化。你需要对客户足够了解，他们会认可什么背书，这个行业有哪些大咖，哪些很重要的奖项，哪些非常知名的比赛，还需要创始人对客群足够了解，不然所做的努力都白做了。

（2）成交时要塑造高地位，描述高标准。

不论你找谁来做背书，都要去展示对方的专业、高级别、高影响力，证明他在行业里头非常重要。

还要描述对方的高标准，我们是经历了什么才获得了对方的认可，在过程中打败了哪些对手，获得他的背书是多么不容易。

基本，按照这两个步骤一通介绍下来，背书的目的就达到了，客户对你和产品建立了非常强的信任。

2.案例

最好的构建信任的方式就是展示你的客户**案例**。而且，越是高单价，客户就越看重案例。比如你做过的超级案例：有没有人购买了你的产品，通过你的履约，达到了超出他预期的效果。

这个案例越真实、越生动、越知名，客户的信任感就越强。

案例方面，也有三个核心技巧：

（1）**案例要直击核心需求，超级案例要按故事四步法做整理。**

有了案例素材之后，很多人讲起来有两个误区：

一是案例没有直击核心需求。对课程、咨询产品来说，指向变现才是核心刚需、才是痛点。

（2）**案例不够生动，缺乏故事性。**

我的线上课程的很多案例都是按照故事四步法来写的。什么是故事四步法，在本篇章的彩蛋部分，我会结合一个具体的案例来展开。

（3）**最好成交现场能找到当事人来站台。**

不论是直播间、社群，还是会销现场，讲案例最好的方式都不是自己讲，而是找到案例当事人，让他亲口讲出他本人的故事，这是最好的案例展现形式。

为什么很多主播都会相互连麦？其实连麦就是一种站台，一种现身说法，这样能够构建非常好的关系，加深双方的信任。

当我们用了很多招数，讲产品卖点、讲背书、讲案例之后，客户很想下单，但是内心还是纠结买不买，怀疑产品的可靠性，那么如何打消客户下单的顾虑呢？

3.消顾虑

打消客户顾虑之前，我们首先要知道，如何找到客户的顾虑。

最简单直接的方式就是让客户说出来，比如在直播间，可以开启答疑环节，问大家对产品还有什么问题，直接在评论区提出。

有问产品的有效期、寄送方法，也有问如果无效怎么办等。在进行了很多次的销售后，你会发现顾客的顾虑，**都可以总结成几个常见顾虑：**

比如，产品没有效果怎么办？

比如，卖情趣用品的直播间，客户担心自己下单会不会有隐私问题。

针对这种常见顾虑就可以提前设置一些QA问答的话术，比如产品到货后48小时内无理由退款，运费我来承担；我们配送的包裹会精心设计，拆封前不会让任何人发现你买的是情趣用品。

不过切记，在打消顾虑的过程中，你的承诺越多，客户下单肯定越容易，但后续交付的压力也就越大，所以一定要提前跟团队沟通好，避免过度承诺带来的交付翻车。

第四步：促成交

如何让客户现在下单？

也就是气氛已经烘托到位，需求已经挖得很痛，产品也已经介绍完整，到了该下单的时候，怎么让客户立马行动完成下单这个动作呢？

八个字：**造势、算账、限时、限量。**

一共有四招，帮你完成批量成交的最后一步，给客户一个充分的理由，引导客户完成下单。

1.造势

造势，顾名思义就是要把现场的势能推高，让大家躁动起来，一上头就完成了下单的动作。

经过前面三个步骤的铺垫，观众已经是临门一脚的状态了，想要买的潜在客户已经很上头了，所以造势非常重要。这里有六种造势的方法：

第一种造势的方法，就是声音画面。

直播间播放一些非常欢快、非常燃的背景音乐，主播这个时候也要抬高嗓门，精神状态一定要欢快高涨起来，带好节奏。直播间或者现场尽量多用红色、黄色等这种暖色。

我曾经做了一次单场125万GMV的直播，那一次我特地穿了一件春节穿的红色卫衣，就是为了在直播间给大家活跃气氛，激发起大家快速下单的想法。

第二种造势的方法，就是打破价格。

为什么要到最后再说价格会比较好？即使有福利，价格优惠，也要后面再提，这是因为如果一个商品过早报价，会激发客户的防御心理，所以一定要把报价的环节放在最后。

报价的方法其实也是一种造势的方法，因为一开始不论你怎么报价，客户的第一反应就是贵。

这个环节，你要把价格打破，从9800元打到5980元，再打到3980元，不要一开始就报出你的底价，而是一开始设定一个相对比较高的价格。

然后不断给大家争取福利，不断给大家争取到优惠，理由可以多种多样，但一定要突出这一次优惠力度很大，福利的力度也很大，把价格打下去。让大家觉得你真的很努力了，这个价格真的很便宜，很实惠，要赶紧买。

第三种造势的方法，就是畅销。

每个人都有"从众心理"，在群体面前个人很容易盲从。比如在直播间不断喊单，又有多少人下单了，或者在社群让大家接龙成交，不断有人接龙。这些方式都是通过展示畅销的氛围和场面，来引发顾客的从众效应。

第四种造势的方法，他人下单展示。

其他人为什么买单？

在公开课当中，我经常用这一招：每次有会员或者私董跟我连麦，我都会问对方你为什么买我的产品。这个时候，对方的人设、理由都会影响直播间的其他人。

所以，很多直播间为了促单会连麦付费的客户。

第五种造势的方法，就是再次抓需求。

再次戳痛点，造爽点。不断讲不买这个产品的坏处，不断强调买了这个产品的好处，不断做假设成交。

第六种造势的方法，就是跟重大节日结合。

比如周年庆、生日会、双十一。在特殊的节日搞活动，也可以拉高活动势能，解答"为什么今天下单最划算"这样一个问题。

不少**IP**都会充分利用自己的生日会来做直播公开课，这也是一种非常好的造势手段。

2.算账

刚刚的造势，是一种感性层面的呼吁，那么接下来的算账就是一种理性的计算，让大家认为不管是从感性还是理性方面思考，都应该下单。

（1）拆分价格

顾名思义，就是把价格不断做拆分。比如，我的核心课程"创业七步法108招"，价格假设是1万元，那么我可以说价格是1万元，但一共有108招。

每一招都是我多年创业的总结，平均下来你只要花不到100块钱，就能学会一招非常接地气的创业实战打法，这就是拆分价格。

（2）同类比价

拿市面上其他相似的同类产品来比价，或者拿同样满足需求的其他产品来比价。

比如，一门英语课华某街英语是多少钱，某孚英语是多少钱。他们的老师远不如我，列举一些原因，但是他们一年的价格是我们产品的五倍甚至十倍。

通过这样的方式来做同类比价，显得在同一级有价值感的产品中，你的价格很便宜。

（3）收益计算

它跟前面的假设成交相似，就是如果你买了这款产品，带给你的收益是多少。

比如，买了某课程，可以让你省去多少学费，或者可以让你的产品多卖3倍，利润翻十番。

我的私董，猫叔，剽悍一只猫，他出版的畅销书就叫《一年顶十年》。这也是一个非常好的销售标题，看了就有想买的冲动。

（4）转移身份

这种方法并不是那么精确，但是可以让客户把消费变得合理正当。这一招，做保险销售用得最多。买保险不是给自己买，而是给家人一个保障。

这就是转移身份，也是一种算账，算心理账：告诉潜在客户，买产品不是为了个人享受、个人消费，而是为了其他正当理由。这样可以消除他内心的负罪感，让他尽快下单。

为什么宝妈买东西，特别容易冲动消费？为什么家长给小孩买东西往往不计成本？为什么年轻人给父母买东西也都愿意买贵的？

这些产品天生就利用了转移身份的特点，让消费者在心里算账下单的时候，不是因为产品价值，而是出于对老人的愧疚感，对小孩的愧疚感，对另一半的愧疚感而下单，这都是为了满足消费者心理账户价值。

3.限时

过了这个时间就要涨价，大福利就没了，这个理由非常充分，而且相比后面的限量来说，可以成交更多的客户，没有上限。

一般来说，限时配合的成交压力来自价格上涨和福利取消这两种。在批量成交的时候，到最后的环节不断强调限时，并且在最后的三五分钟里不断倒计时，给人下单的压力。

要相信，感兴趣的人很多都会看到最后，可能会一直犹豫要不要下单。所以，配合着限时不断做倒计时，这会是一个非常强的促单手段，让客户一定不要浪费每一次机会。

另外，在时间过了之后，一定要把价格恢复，或者取消福利，不然可能会被一些人抓住不放，并被质疑没有诚信经营。

4.限量

这一招也是批量成交促单的重要手段。

按照产品类型，我们可以划分为真限量以及假限量。很多假限量的产品本身库存是非常充裕的，但是不少直播间依然会把产品的名额设置为限量，并实时同步剩余几单，若配合踢单的话，可以让人很有下单的冲动。

比如，直播带货的操盘手会先上20个库存，在抢完了之后，立马让主播说还有几个下了订单但是没有付款的，这几个人肯定会立马付款，不然就要踢掉，把名额让给别人。

这种招数在直播间用得非常多，而且公开课直播时，反复上库存是因为观众大部分都不会一直在直播间里待着，所以他们看的5到10分钟里，上少量库存，满额，踢单都会激发他们的购买冲动。

除了产品做限量之外，优惠福利也可以做限量。

比如我们前50个下单，赠送什么大礼包、实体书，这样即使是大家一看本身就不限量的产品，通过福利的限量，也可以做到很好的促单。

另外，本身就限量的产品库存不多，或者履约能力有限，就更要发挥限量的优势完成促单。

限时和限量，虽然所有人都在用，但不得不承认，这就是在最后一步成交客户、引导客户下单的精髓。

总结一下，我们做销售成交，就是需要很好地回答客户心中的四个问题。所有的回答，都是有思考逻辑的。

关于这些思考逻辑，我也特地整理了2个彩蛋，分享给你。

彩蛋1：公开课磨课评审表

分享一个我们团队内部的公开课磨课评审表格。每次我们完成一轮公开课，都会让项目组的人按照这个评审表格来打分，从而更好地帮助讲师来做针对性优化。

读者可以对照着，让自己的听众来给自己打分，反复打磨你的公开课。

公开课磨课评审表								
项		说明	效果评分（如未体现则评分0）					
			0	1	2	3	4	5
亮身份	1	破冰：红包、福袋、提问						
	2	点题：提问、讲故事、摆事实，拆解主题						
	3	讲故事：先故事后观点、先故事后观点 注意：一定要有观点，有干货有方法论						
抓需求	1	戳痛点：1.感观心理和场景；2.缺乏渴望与恐惧						
	2	造爽点：结合具体场景营造满足感 注意：切忌过度承诺						
	3	讲卖点：FABE法则，产品特点、优点、利益点+事实证明 注：利益点-为客户带来的好处和利益						
建信任	1	亮背书：专业认证、权威认证、大咖证言等 1.提前获得利于转化的背书；2.塑造高地位、高标准						
	2	上案例：1.案例直击核心需求；2.案例故事生动化；3.找客户站台证言						
	3	消除顾虑：引导客户直接说出顾虑，承诺消除其顾虑 注意：避免过度承诺带来交付翻车						
促成交	1	造势：1.声音画面背景场造势；2.打破价格心理防线，最后报价；3.展示畅销，引发客户的从众效应；4.他人下单展示，促单；5.再次抓需求，不断强调坏处、好处						
	2	算账：1.拆分价格；2.同类比价；3.收益计算；4.转移身份消费						
	3	限时：限时涨价、送福利						
	4	限量：产品限量、福利限量+踢单话术						

彩蛋2：故事四步法+四要素，如何讲一个打动人心的故事

第二个彩蛋，跟你讲讲如何写好一个故事的四步法以及四要素。

最近，我收到了很多学员的提问：我也想写好一个故事，但我没有故事，我的故事都平平无奇怎么办？

这是一个挺常见的问题，我最开始做IP的时候，也会苦恼没有故事素材可写。但后来我发现，每个人其实都有自己的故事。关键是看你有没有找到方法去讲，去挖掘你的故事，让你的故事精彩纷呈。

那么有什么适合我们的方法呢？

在之前的课程中，我讲过许荣哲老师的故事七步法，这七步分别是：

1.目标：主人公的"目标是什么"；

2.阻碍：有了目标后，他遇到了什么"阻碍"；

3.努力：他如何"努力"去克服阻碍；

4.挫败：努力之后，主人公遭遇到了"挫败"的结果；

5.意外：结果不理想，那么超越努力的"意外"可否改变这一切；

6.转弯：意外如何发生，故事情节如何"转弯"；

7.结局：最后的"结局"是什么。

对照这七个问题，每个人都可以写出一个精彩的故事。为了帮助你更简单地写一个故事，我对着许荣哲老师的故事七步法又做了一个改编，**变成了"故事四步法"**，高度概括如何讲好一个故事，并且应用在实战中，这四个步骤就是：

目标有阻碍，努力但挫败。

意外来转弯，结局很圆满。

当你认为自己没有故事的时候，可以尝试问自己几个问题：

1. 你印象中最难忘的一件事是什么？

2. 你上次绝望、上次流泪是什么时候？因为什么事情？

3. 上次感觉到惊喜是什么时候？因为什么事情？

4. 还记得上次和你最好的朋友分享的一件事是什么吗？

5. 你现在最想做的事情是什么？

相信你这些问题的答案，再结合我的故事四步法，很快就可以写一个很吸引人的故事。

但是，作为IP，你的故事除了要吸引人关注之外，最好还要能吸引人付费，那怎么实现这个目标呢？

我建议你在故事设计中加入这四个要素，分别是理念、梦想、产品、差异。

第一，理念，也可以称之为初心，是你自己一开始为什么要做这个产品。

我们做公开课，做朋友圈浪潮式发售，最重要的是传递价值观，而不是单纯地讲一段故事，或者传达一个观点。一定是先有初心，然后才有后面的故事。

第二，梦想，也称之为目标、愿景、理想，就是你希望把你的事业做成什么样。

第三，产品，可以让客户提前了解到你是做什么的，但是在讲故事的环节不要强行推荐，不然会激发客户的防御心理。

最好的过程一定是客户通过你的故事去了解你这个人，进而认可你的价值观，认可你的理念，再顺水推舟地为你的产品付费。

第四，差异，指的是你的想法、你的理念跟别人的差别，从而突出你的独特性，我们也称之为USP（Unique Selling Point独特销售主张）。

理念和梦想，先收心；产品和差异，为后面收钱做铺垫。

这四个要素是有变现价值和没有变现价值故事的本质区别。

当然，这四个要素的顺序可以打散，最好是根据你的故事节奏，你渲染的情绪去安排。不要这边渲染着失败、难过，那边又突然推出一个教你如何成功的产品，这在情绪和逻辑上都是说不通的。

你一定要让读者感觉到这些要素的出现，都是顺其自然的，哪怕能感觉到套路，也是愿意接受，觉得合情合理的。

厂长的发售信和整个朋友圈势能造浪的流程，不仅是自己做批量成交的经典案例，还被厂长的很多私董和会员用在自己新产品的发售过程中，他们也取得了很好的效果。

如果你以前没有自己的故事，没有感受过通过写故事批量成交爆单的快感，那厂长建议你一定要看一下厂长的这两篇发售信。

关注厂长的公众号"私域肖厂长"，发送关键词"600"，就可以获得这篇万字长文，建议收藏好。如果你要写发售信，直接按照我的这篇文章结构来即可。

四步法和四要素相结合，你也可以写一篇完美的故事，完成一次出色的私域浪潮式发售。

超级个体案例 ◆◆

📝 刘思毅：坚持内容爆炸式输出的创始人IP

如果你问我，提到国内头部的新锐付费社群，绝对绕不过去的一个人，是谁？

刘思毅，一定是其中之一。

刘思毅是国内头号流量社群"群响"的创始人，毕业于北京大学，曾任嘉诚资本投资经理、面包求职市场总监、红点直播运营总监，创办了自媒体平台"在北大不吐槽会死"。

我跟刘思毅认识超过7年，从他还没有大学毕业就跟他有过合作，一路见证了他的成长和创业路程。

他在2019年创办的群响，里程碑式地降低了互联网流量圈作为老板们之间的信息差，目前是国内最大的小老板社群，会员近万人，沉淀了20万私域，被俗称为龙门客栈，行业江湖。从开始IP创业做到年入数千万的超级个体，他只用了3年。

这3年，他还做了有400余位老板付费数万元的高端圈层——群响私董会，公司产品线覆盖社群、私董会、培训、活动、媒体招商广告等。会员们有来自各行各业的小老板、操盘手、联合创始人、电商流量营销界的一些前辈和同龄人，分布在全国各地。

最近3年，是国内付费社群的爆发期。你可能会好奇：大家为什么都想做付费社群？根据最新工信部的数据来看，国内至少有4800万中小微企业，平均客单价做到5000元的话，那就是2400亿的市场规模。

而刘思毅作为超级个体，独特就独特在，他作为老板，堪称是内容输出效率的"天花板"。北大科班出身的他，每天不仅要更新公众号小作文、做短视频、做培训、日常社交，还要疯狂输出10余条朋友圈及时同步到他20多万私域里。别人为难一天的千字小作文，他几分钟写完一条，一天写十多条早已成为家常便饭。

01 一天10条的高成交朋友圈该怎么发

这是刘思毅非常重要的一个标签，你加了他微信之后，一定会被他的朋友圈刷屏而"吸引"。

首先我们先要明确，微信朋友圈对于一个超级个体、一个KOL来说，为什么这么重要？

刘思毅是这么定位的，在他看来，朋友圈的场域氛围，与抖音、快手等短视频平台并不一样。

对于一个以信任为基石的商业模式而言，朋友圈是一个持续向下滑，结合了熟人和半熟人的广场，大家在里面走来走去，体会到的是打招呼、去围观、去八卦、去关注、去吸收的一个消费形态。

用户在刷微信朋友圈的时候是友善的，是非常非常有好奇心、有八卦欲的。当他在朋友圈看到一个对他有帮助，有共鸣或者是有价值的信息，他会觉得你可爱，如果他觉得这个人太搞笑了，他还会持续关注你，这是朋友圈的魅力所在。

今天的微信朋友圈，仍然是中文互联网不可多得的一个半熟人社交广场，这点真的非常重要。

那么一个20万私域的高成交型朋友圈，都由哪几部分构成？

对很多超级个体，尤其是私域体量还不小的超级个体而言，发朋友圈都已经成为大家每天习以为常的行为，而且朋友圈作为私域转化有力的场域，发的内容一要符合私域内容的三要素：真实真诚、持续产出、干湿结合。

也许有人看过厂长曾经在《私域资产》这本书里提到的朋友圈"863计划"，从信任，到亲密度，再到变现，你需要给潜在用户一个熟悉、关注并认可购买你产品的过程。

8 专业——解决信任问题

6 日常——解决亲密度问题

3 销售——解决变现问题

图3-4 "863计划"内容维度展示图

那每天狂发10多条有血有肉的朋友圈，刘思毅是怎么规划的呢？

用他自己的总结来说，包括以下三个部分：

第一部分是日常内容，这是塑造真实和信任的最基础内容。

第二部分是成交内容，成交内容俗称广告，广告就是用来促进成交的。

第三部分是纯干货内容，真真实实不夹带私货。

刘思毅的朋友圈三者比例是8:1:1。

如果说你的客户不能从你的朋友圈感受到价值，他老是刷到你和你团队所发布的广告，那他绝对会屏蔽你，除非你卖的是二手奢侈中古包包、珠宝玉石、服装，那你的价值就是把朋友圈当作货架，你的重点就是要把图片要发得好看，不能丑。这样用户看到心仪的产品自然就会私信你，你再进一步展示更多匹配对方需求的图片，顾客挑好之后，直接打款成交，这是他们这类朋友圈的价值。

当然，刘思毅朋友圈里，也有些不是很了解他的潜在客户，也许因为一篇公众号文章、一条抖音的短视频加到了微信，进到了他的私域。这些客户就需要一些时间看刘思毅到底在说什么、在提供什么，最后才会在他那10％的成交硬广里停留，完成付费。

刘思毅说，这样算下来，他每天会转发一条自己的公众号和视频号，一条成交性质的广告，其他七条全是基于他日常生活的价值类信息。

每天都像在存钱罐里储蓄一样，给客户捎饬他能给客户的价值，不断地在他客户心中存下关于刘思毅的"认知货币"，存到一定阈值客户就会自动被转化。刘思毅说他如今的很多会员都反馈：因为自己关注他朋友圈太久，实在不好意思白白获取知识，就充了会员。

02　如何一鱼多吃，打造高产爆款的内容生产线？

刘思毅说，他每一条长文朋友圈，其实也是他的公众号选题。他会在每一个假期，提前定好一个系列主题，集中写好他未来的朋友圈，然后形成一个系列的朋友圈创作。举个例子，他今天在写"我如何减肥"，围绕这个主题，他在朋友圈分享了"如何饮食""如何运动""如何调整运动心态""如何调整饮食心态""如何管理身材的心态"这几条朋友圈，合在一起就是一篇好的文章，他的IP助理会协助他去做这件事。刘思毅每周会给他的助理开一次会，确认好标题后就会发布在他的公众号上，从而实现朋友圈和公众号的日更。

这是第一吃，IP助理会基于他的朋友圈来做公众号文章；还有第二吃，刘思毅的抖音助理会基于朋友圈来做他的抖音选题；第三吃，刘思毅有20万的私域，8个私域助理会复制他的朋友圈，这样下来，刘思毅的每一个号其实都是自己在运营、在回复，刘思毅每天都坚持收集粉丝提出的问题，而问题本身又是朋友圈的核心素材来源。因此他的朋友圈本身就是群响核心业务的组成部分和起点。除了交付购买类的问题以外，他助理都会代为回复。

总结下来，刘思毅每天就一件事情：做内容，搞流量。两个方向，第一个是公域，第二个是私域。

现在他每天都在跟客户做访谈，丰富自己的内容供应链，累计沟通过400多个行业专家，覆盖私董会200多位私董，会员和非会员高达400多个，这是非常厉害的。

这些供应链内容会在他聊完之后，成为刘思毅的朋友圈，有信息量的在公众号上发布，然后再作为短视频的选题和内容来源。

📓 润宇：从外企辞职到千万直播间主播，做私域必知：微信生态流量的"六道轮回"

看过厂长课程的同学都知道，市面上创业者分两类，大部分都是爱一行干一行，喜欢什么就干什么，但是，最厉害的是学习型创始人，他们是干一行爱一行，只要公司有需要，他就能快速学习并快速学会。

我的私董里就有一位浙大竺可桢学院创业科班出身的创始人，十三年连续创业者，是典型的这类学习型创业者。创业之初通过做游戏收获了百万的第一桶金，后来改行做素质教育类产品，跟我成了友商，现在做个体创业，成为首年就收入千万的超级个体。

他就是视频号润宇创业笔记的王润宇。

润宇曾经供职于知名外企，3年后辞职与同学一起创业做网页游戏"魔力学堂"，吃到了当时的页游红利，月入数百万元，后来团队还孵化了"快的打车"（已被滴滴合并）。独立创业后，他基本都在做教育行业，做过成人音乐教育，也做过写字课程"芝课"，现在做微信视频号一年就做到了千万GMV的标杆直播间。

当时我跟润宇结识于一场投资人组织的闭门分享会，后来润宇加到我的微信，说的第一句话就是"我终于找到老师傅了，跟老师傅道声谢。"润宇说，他当时独立创业的第一个项目的商业模式，就借鉴自我们做的"轻课"，因为有了我们的模式，他们得以从"0"突破到"1"。

说来也是缘分，后来我司内部孵化了素质教育产品"坚果写字"，与他的"芝课"不谋而合。厂长当时就天天盯着润宇的产品，研究打法，也确实获得了一些实战经验，在明确行业流量成本与很难打平的投入产出比之后，我们悬崖勒马，急流勇退。

用润宇的话来说，现在流量的成本居高不下，很多创业者进退两难，不做是等死，做了是找死。而过去的流量成本低到你不敢想，你可能都没把握住，事到如今你又必须要面对现实的生存环境，你该怎么办？

01　从游戏项目、教育项目，到转型创始人IP的三连跳

润宇说，最夸张的是，他们的魔力学堂2009年刚上线，就很快突破了单月收入300万元。对于才毕业3年的他们而言，这是巨大的惊喜，而且游戏的GMV就约等于公司的净利润。后面他们这个项目增长非常快，几款游戏合并起来，单月增长最多有3000多万元，而成本就几百万元，到后期最大的成本，就是跟渠道做的分成，术语叫游戏联运，一个月，算上联运的成本大概有1000多万元。

再到后来，润宇独立创业，做了"芝课"，拿到了知名机构数千万元投资，一度成为少儿写字领域的一匹黑马。

但好景不长，流量费用飙升、教育政策环境大变化，让润宇急流勇退，收缩公司规模。同时，润宇也选择了跟厂长一样的路径：自己站在台前做创始人IP。

润宇和厂长都选择了视频号。当时正处平台发展初期，平台整体的内容和商业化还在搭建中，厂长也出了一些10万+点赞的爆款视频。经过过去2年的蓄力，今天的视频号已然是微信私域里必不可少的一环。这里，润宇也发现了一个有效起步的"六道轮回"模型，我来带你拆解一下。

02 微信生态流量的"六道轮回"

润宇之前做过百万私域流量，在去年的12月10日，我跟润宇做了一场视频号连麦，他首次对外公布"微信生态流量的六道轮回"这一模型。

说到"六道轮回"，他认为整个微信闭环里最前端的两大公域流量来源，是视频号和公众号。用户在哪能体会这种推荐算法？比较普遍的有两个位置。

一是打开公众号、订阅号列表，一直下滑，就会看到你订阅过的号主文章里，多了一篇带有"推荐阅读"字样的文章。二是在你浏览完一篇公众号文章之后，文章下面会有一个叫"推荐阅读"的地方。这些就是算法帮你搜集到的感兴趣的内容。

回到"六道轮回"的链路，从公众号和视频号的两大公域来了流量，就要引导其加企业微信。

此外，你要建好各类不付费的直播群、快闪群，建立多元化的社群矩阵，然后不断地利用社群做触点来支撑你的公域，尤其是视频号的视频基础曝光与直播间的基础人流量。

最后所有流量的情感高点是直播间，我们做的公域、私域里面所有的传播，最后都是为了引导流量进入直播间，大家进到直播间里才能触发足够高心智的动作，哪怕你不带货，只是让大家关注你。

截至2022年第4季度，润宇这套"微信生态流量的六道轮回"模型，已经让他成为视频号平台千万直播间的标杆代表。

03　深耕微信视频号，赋能微信个体创业

在微信视频号持续拿到结果的润宇，一直在思考如何赋能给更多人，尽可能去把握住继抖音后的又一大流量洼地。

随着视频号商业化的加剧，很多人都瞄准了视频号的流量红利。而润宇在2021年就早早看到了这一行业红利，2021年年底，他针对那些有明确业务方向和定位的准创业人，那些非常想在微信视频号里做出成绩的创业者，设计了一款产品，帮他们提升商业思维，减少试错成本，及时获知微信最新动态，先人一步拿到结果。

针对这些目标人群，他结合自身优势将产品权益，定为：爆款课程+实操陪跑+独家资源。

他说，他所做的这些努力，都是希望让100万个体能踩在他的肩膀上，获得实打实的创业赋能，自力更生，在短视频、直播最后的流量洼地——微信视频号里，一起掘金有所收获。

截至2022年9月，润宇已经累计投放800万流量给自己的用户赋能，帮助近500人搭建了属于自己的产品体系，让近千人通过视频号完成自己的第一次产品变现。他自己的直播间累计成交也已经超1800万元。

我在《私域资产》这本书里也提到过，直播是爆发力和变现能力都很强的内容形式，直播能力也是厂长所说六种内容能力中，每一个做内容的IP最重要的一个能力项。无论你做不做带货，直播都直接放大了每个人在线上的可能性。

蒋晖：可能是全中国拥有微信私域最多的超级个体

蒋晖是猫课、狮友会创始人，电商亿级卖家，16年连续创业者，自媒体粉丝500万+，公司员工超300人，其中知识付费的团队达到200人。

而且蒋晖可能是全中国拥有微信私域最多的超级个体。他从2014年就开始做微信私域，现在差不多有800部手机，一天加好友2000人以上，光一个引流团队人数就高达30人，现在微信私域好友300万+，算是将"公域引流，私域成交"这件事做到了极致。

我在自己公司默默快速发育的时候，蒋晖不知道从哪儿得到我的联系方式，主动上门拜访。结果没想到，见一次面后，我们就结下了不解之缘，成了终身的好友。而且他作为过来人，给我创业提了很多非常有价值的建议和帮助。

蒋晖真的称得上是一位互联网创业前辈，不是说年龄大，而是资历深。2006年开始创业，16年始终如一地专注电商及知识付费领域，目前公司年销售额超2亿，知识付费部分达到一亿。

因为长期做电商，所以蒋晖非常了解学习的价值和重要性，他自己除了每年花大量的时间和金钱四处学习，也会在各大自媒体平台分享自己做电商的各种经验与教训。相信大家身边只要是做电商超过一年以上的朋友，大概率都是听说过蒋晖的。

蒋晖的文章观点犀利、内容细致且专业，厂长就很喜欢看他公众号的文章，并且常在我的恒星私董群分享。正因为这份专业与执着，蒋晖在自媒体平台吸引了大量的粉丝，微博粉丝125万+、抖音粉丝150万+、知乎粉丝30万+。随着粉丝数的不断增长，大批想学习电商运营的人联系蒋晖，想要"拜师门下"。多年的创业经验，让他敏锐地嗅到了商机，他察觉到"知识付费"未来可能是个很大的市场。

于是，蒋晖便着手创办了"猫课"App，专门签约那些电商做得好的卖家为老师，分享他们的经验。事实证明，蒋晖的选择是正确的，"猫课"App目前每年服务几万名卖家，在电商培训的垂直领域已然排在前列。同时，蒋晖还创办了可能是目前国内最大的付费制"大卖家社群"——狮友会，这个社群里有超过2000位年销售额几千万到几个亿的卖家，影响力非常大。

我讲这些，不光是想告诉大家蒋晖有多么的厉害，还想让大家注意到蒋晖在业务上的发展与变化。从整个公司全力做电商，到开始有意识地树立IP人设，通过IP孵化以及知识付费进行业务拓展，实现大规模的变现。这是一个循序渐进，且非常有智慧的商业思路，IP思维和知识付费逻辑逐渐被蒋晖玩得明明白白。

看到这里，相信有很多读者会好奇，蒋晖是怎么做到这样的思维转变呢？

接下来，厂长就带大家拆解蒋晖做IP以及知识付费的商业模式，他为什么要走IP模型？为什么要从自营到孵化？他在这个过程中，做了怎样的思考？在哪些关键节点上做对了哪些事情？踩过哪些坑？

01 为什么决定走IP模型

这里我们先讲一个蒋晖在做抖音期间踩的坑，也是他决定走IP模型的一个重要原因。

蒋晖在2018年开始做抖音，但那时他们并没有做IP的内容流量。因为过去蒋晖虽然做IP，但是整个打法就基本上都是付费的打法。

所以蒋晖非常非常熟悉付费打法，也非常善于用付费打法，这也为他做抖音"踩坑"埋下了伏笔。

虽然2018年是蒋晖第一年做抖音，但是借助流量红利，他很快就做到了一百多万粉丝。就这个时候，蒋晖的认知出现了一个战略级的错误——他认为抖音应该跟之前的那些平台（微博、知乎等）一样，都是可以用付费打败免费的。但是这次用付费打法，就并不像做之前那些平台那样顺利了。

其主要原因有两点：

第一，流量成本会越来越高，这个是后面慢慢体现的。

第二，这点原因更关键，就是更多IP同行的出现。

大家可以设想一下，如果你是用户，有一个是广告投放给你的老师，另一个是深耕内容的IP老师，那么你更倾向于选择哪个呢？答案是显而易见的，所以IP的老师就成了蒋晖的重要竞争对手。

这时，蒋晖渐渐意识到自己的战略上好像出了问题，所以就开始重新研究。这次"踩坑"让蒋晖捋顺了抖音的IP逻辑，也是直接推动他做IP模型的重要原因。

02　为什么要从自营到孵化

经过上面的"踩坑"经历后，蒋晖便开始重新做自己的IP流量，所以他现在的流量入口变成了付费+免费。

蒋晖结合之前自己做IP的经验，经过进一步打磨，形成了成熟的方法论与团队，可以让更多老师复制，借助IP的矩阵来实现整个私域的可复制化。

通过这些IP矩阵，公司每个月的私域加粉量再次超过7万，公司大概有800部手机，累计下来，应该有三四百万的私域体量，非常惊人。

03　蒋晖的创始人IP孵化模式

厂长讲一下蒋晖的创始人IP孵化模式，他的孵化到底是怎么批量化去做的？

首先是他们的团队架构，很多的公司都是个体去做，但蒋晖是团队整体去做。

那个体做和团队做到底有什么不一样呢？

下面引用蒋晖在恒星私董线上茶话会分享的"团队架构图"，跟大家分享一下蒋晖和IP的合作模式。

团队架构

目前近200人团队

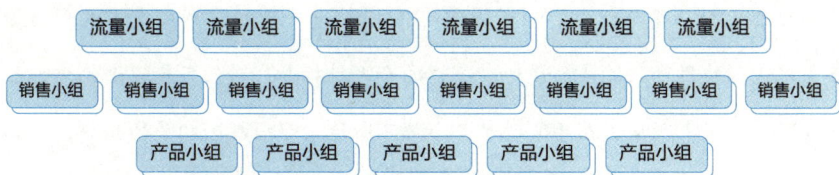

| 流量小组 | 流量小组 | 流量小组 | 流量小组 | 流量小组 | 流量小组 |

| 销售小组 | 销售小组 | 销售小组 | 销售小组 | 销售小组 | 销售小组 | 销售小组 | 销售小组 |

| 产品小组 | 产品小组 | 产品小组 | 产品小组 | 产品小组 |

图3-5 蒋晖团队架构图

事实证明，蒋晖的创始人IP孵化模式非常高效，他的判断是正确的。

16年前，一个大四学生拿着家里的全部积蓄3万元，忐忑而执着地投身创业大潮；16年后，他已然成为年入超1亿的超级个体。

蒋晖的身上有很多值得我们学习的东西，他始终一步一个脚印，从专注电商运营，到转型知识付费再到IP孵化，不放过每一个抓住红利的机会，永远保持空杯心态，永远在路上。

📓 宁小辉：卖房创业到二人公司抖音月变现50万元背后的秘密

宁小辉是企小匠创始人兼CEO，专注于企业服务，8年时间服务过上千家企业，他也是一名连续创业者，曾参与创办过一家估值3亿的公司。

在小辉的身上，可以找到很多和厂长的相似点：同为学霸创业（小辉是山西省2008年高考第二名），同样都创业拿了融资后转型超级个体，同样都是理工男。也是这份相似的气质，让小辉在线下听了厂长分享后，果断加入厂长的恒星私董会。

当时小辉刚开始准备重新创业，做超级个体，中间也遇到了很多困难，一度要抵押房产来维持公司的运转。在一年后，小辉终于摸索出了一套模式，做出两个人、零投放、稳定在公域就能月入50万元的超级个体。

在学习能力这方面，小辉的实力是有目共睹的，这也为他之后的"快速进化"打下了坚实的基础。小辉从南开大学毕业后，先是在"人人网"任职，2014年开始作为联合创始人，参与创办了一家估值3个亿的公司，曾经拿到过雷军的顺为资本千万美元级别的投资。但是慢慢地，小辉的个人目标和公司的目标逐渐偏离，最终选择辞职加入字节跳动。在字节跳动，小辉不断地学习短视频相关的知识，开拓自己的视野，在2020年5月全身心投入到抖音，做B端企服业务，2年时间精准涨粉27万+，单月变现50万+，成绩喜人。

小辉的成长厂长是亲眼目睹的，我常惊讶于小辉的执行力与学习能力，就是几个星期没见的光景，再见面时，他就"进化"出了新的能力，并付诸实践。小辉的这些特质，正是一个"超级个体"身上应该具备的，非常值得我们学习。

接下来，厂长会带大家简单拆解小辉做抖音的过程，包括他踩过的"坑"和解决问题的方式，供大家在运营抖音业务上以借鉴。

01 做内容不能只讲干货

图3-6 宁小辉前期抖音视频截图

给大家截图感受一下当时"不专业"的封面，和短视频里"稍显木讷"的表现力。

小辉拍了两个月，没有播放量、没有粉丝、没有变现，再加上当时他刚好拿到字节的offer（录取通知），就去字节"上班深造"去了。

02　抖音图文如何涨流量

在2021年12月30日，我的私董少奇在恒星私董会1.0的社群，整理了一份关于抖音图文涨流量的秘籍。小辉受此启发，马上着手整理了一些图文干货，涨了两万多粉丝。

为了更进一步做号，小辉非常愿意付费跟高手链接学习，他学了一圈之后，决定开始做"矩阵号"。

厂长给大家概括一下，小辉找到的最优路径是：

1.在直播间直播的时候让大家把问题打在弹幕里，让小辉的助理在PC端直播后台把问题复制下来；

2.第二天小辉就着这些问题直接拍一遍，因为是直播里回答过的问题，都还有印象，所以可以脱稿直接讲，而且第二遍讲比直播里讲的还要更连贯一些，不会磕巴；

3.把这些内容，交给剪辑师去剪辑。

生产效率提升之后，短视频的播放量也逐渐上来了，出现了很多播放量破百万，点赞过万的作品。小辉之前抖音做了一年多才一万粉丝，但是新做的这些爆款作品两三个月就为他涨了10万+粉丝。

做抖音的核心能力，是批量低成本生产短视频内容的能力。

——这是小辉在抖音里摸爬滚打两年多，总结出的最重要的一句话。

03 直播间打造的小窍门

关于直播间打造这方面，小辉也有非常多值得学习的经验。

小辉的直播间最在意的三个指标：停留数据、活跃数据和成交数据。

其实，停留、活跃和成交这三个数据是矛盾的。

你一旦开始逼单，会发现人哗哗地掉，所有的知识付费博主都逃不过这个命运，所以必须得做取舍和权衡。

小辉目前的方式是这样的，一场直播的节奏大概是一个小时左右，前10分钟做活跃数据；然后中间的10到20分钟讲干货，大概就讲15分钟，而且讲干货的时候也算是一定程度上造数据，讲完干货开始逼单。

在商业竞争的环境里，要做到"守正出奇"。课程做得好是"正"，逼单的技巧是"奇"，二者缺一不可。

另外，小辉会给购买的用户一堆的赠品，他把这招用到极致，就是要让用户觉得你的赠品比你的主课还有价值，这个时候对方就特别愿意买。

在直播间里，用好这些销售手段，能够很大程度提升转化率，从而能够提升下一场直播间的流量。

04 抖音直播的本质是复制自己

除了这些销售手段外，直播内容方面，小辉也是花了大功夫做研究的，这里有一个他在直播中遇到的问题，非常有借鉴意义，值得大家一起探讨学习。

小辉一开始讲新内容时，人数就掉下去了，讲之前的旧内容，人数就又冲上来了。这是一种"奇怪的现象"。

通过这个现象，小辉发现抖音的直播的本质就是复制自己，一遍一遍地复制自己，打磨一套最优秀的话术，把话术持续不断地在每一场直播中去复制。

这种直播方式的好处是：所有的流量都是以新客为目标，获客效果非常好，并且不用每天做太复杂的直播内容准备，基本张口就来，节省很多精力和时间。

这里厂长不禁再次点赞小辉的学习能力和执行能力，他实在是太优秀了。

在小辉的身上，我看到的是不断成长与进步，而且他潜力远不止于此。

祝他在"成为超级个体"这条道路上，越走越远。

📓 网红校长：29.8万元卖一把椅子的网红生意是如何炼成的

在成为"网红校长"之前，覃流星早已是"网红"。

2012年微信公众号上线伊始，还在沈阳新东方的网红校长就抢先入局，做到5万多粉丝。2014年，网红校长在喜马拉雅FM上创业，推出的双语节目《英语啪啪啪》（后改名英语头条），成为坐拥数百万听众，1亿多播放的爆火栏目，这也为他的公众号和微信号有效导流，配合图文和朋友圈营销，2015年的"双11"当天，他就卖了100多万元的课，成功积累下创业的"第一桶金"。

01　创始人IP崛起和网红校长的"29.8万元"

在网红校长推出的所有产品中，我认为颇具颠覆性、传播性、话题性的就是"29.8万元"的创始人IP孵化服务。

理财顾问廖恒悦、"地产酵母"孟玥臻、"珠宝姐"宋佳、"运营之光"黄有璨等都是伴着校长熟悉的声音，坐在那把爱马仕椅子上出道的。这种类型的账号，变现效率极高，像金融领域的廖恒悦，一年理财管理费几百万，地产领域的地产酵母，在抖音卖房20亿……

在我看来，首先，网红校长的整体思路非常正确。

和很多草根出身的MCN、代运营张口闭口复制爆款不同，网红校长最先考虑的是商业定位。在你购买了产品之后，覃流星先跟你聊透，你想怎么样去赚钱，你的目标用户是谁。个人定位并不那么重要，最先要做商业定位，然后做内容定位，最后再做个人定位。

很多人不知道，如果IP不是顶流明星，那么个人定位根本没有那么重要，问题的核心就是IP的商业定位。至于IP提供的内容，是很重要，但是能获取这个IP目标用户就够了。

同时，覃流星对"29.8万元"的客户的筛选亦相当严苛——"我只挑他的专业技能在所在领域超过99%，而且形象佳的人，从来不在平庸的人身上浪费时间。"

第二，在交付环节，网红校长真正找到了产品的核心需求，实现了裂变。

一个视频能不能火，选题占了70%的因素。只有先解决这个问题，才会有后续的流量增长和变现，否则一切便都是空谈。

覃流星的选题逻辑可以总结为16个字：专家人设，出圈话题，满足好奇，打动人心。

第三，是圈层服务。

29.8万元的服务不只是IP孵化和账号运营，还是网红校长的"短视频创富圈"的入场券，客户可以与其他购买"29.8万元"的顶级人脉相互链接，实现新的合作。

02　101名师工厂的昨天、今天、明天

2019年，覃流星在准备一个关于教育+短视频的演讲时，在抖音上搜索了"樊登读书"，想作案例分享。"当我看到樊登读书在抖音上的几百个矩阵账号粉丝量超越一亿时，我知道，我们的机会来了。"

他预感短视频一定会出现赛道级别的大IP，带着"打造各个垂直领域的100个'樊登'"这一目标，2020年1月，覃流星来到北京，和刘冠奇、李石完成公司注册，取名为"101名师工厂"，并在同年3月完成千万Pre-A轮融资，估值3亿元。

在最开始的时候，101名师工厂其实也走过弯路。最严重的战略失误就是追求粉丝数量。101名师工厂花了大概2020年一整年的时间，沉迷于做增量，做粉丝量，到2021年初，101名师工厂全线调整，将重点放到了变现上。

2021年，101名师工厂全国团队规模达到200人，除北京总部外，已经在广州、深圳、武汉、重庆、长沙、合肥、南京、苏州、太原等十多个城市开设分中心，成为在2020年唯一获得"抖音年度创新作者"的教育MCN。

从业务角度来深入分析，101名师工厂的B端业务是与名师IP、创始人IP共同完成的，C端的咨询、培训服务贡献了大部分的营收和利润。因此，它的商业模式本质还是2C的。

03　未来：继续瞄准知识IP，打造超级个体王者。

提到101名师工厂的未来战略，网红校长表示未来将继续专注于知识IP孵化和教育产品的打造，然后将这套成功的模式复制到全国各地的分公司，依托教育在各个垂直行业赛道打造千万级超级个体。

站在今天的视角，"超级个体"早已不是概念，而是需要创业者充分重视的场景。

至少身边无数正在崛起的案例，让我们意识到"可能自己都想象不到IP带来的巨大影响力，以及这些影响力又可以带来多么大的机会。"

📓 邢海鸟：知识IP操盘手的转型，从资深出版人到玩转抖音直播新红利

出版人邢海鸟，人送外号"鸟叔"。

我的这本《超级个体》，就是和我的私董鸟叔一起打造推出。

鸟叔是一位资深出版人，从事出版行业15年，帮助4000余名作者出版过图书，作为出版界的"老人"，完整经历了行业由盛转衰全过程，对出版行业有深刻的认

知和感悟。

出版行业早期靠内容，中期靠渠道，如今靠流量，经历了三个大周期。早期靠内容阶段，鸟叔成立了"中国写手联盟"，组织了一大批内容高手，打磨书稿。中期靠渠道阶段，鸟叔布局电商，开通当当、京东、天猫、拼多多等渠道。如今出版行业进入流量时代，谁有流量谁能卖书，鸟叔为此布局短视频赛道，打造了"同传姐妹花""追风少年孔大爷"等百万级账号。

超级个体时代，图书不仅仅用于传播知识，它更应该是人格的替身、是宣传的媒介、是流量的承载物。基于这些认知，鸟叔完成了自己的定位，那就是基于内容，借助策划，玩转流量，把图书作为流量入口，给超级个体赋能，最终让自己成为超级个体背后的超级个体。

01　升维思考，降维打击

"每个行业里的钱都被最聪明的那帮人赚走了"，想在一个行业里面赚到钱，一定要做这个行业里面最聪明的那个人。那怎样做到最聪明呢，鸟叔认为要升维思考，降维打击。

出版行业是个传统行业，出版社和作者合作的流程：签作者→出书→卖书→和作者结算稿费。编辑找选题，发行部门判断有没有市场，每周大家在一起开个选题会，最终确定出版不出版这本书。编辑有情怀但是不懂市场，发行部门离市场近，可惜不懂内容，每个部门各自为政，都有自己考核标准以及直属领导，部门间协作不太流畅，最终影响图书销量。这种脱胎于计划经济时代的出版方式，已经远远落后于市场需求。

鸟叔借鉴互联网行业的产品经理制，摸索出一套畅销书打法，在出版前期介入写作，组建3—4人的策划团队，针对作者自身特点和未来发展方向，找到一个爆点，有针对性地写作！从而让作者的图书，变成其事业中的一环，为未来引流和其他变现方式带来可能性。这种产品经理制，避免了各部门之间的扯皮，从内容、策划、宣传、渠道端全盘考虑，更有利于图书的发行。

对于超级个体来说，写书不仅仅是为了赚取稿费，更大的诉求是引流获客，传统出版商已经不能满足这个需求。出版社高折扣销售，大大影响了图书的销量，也让图书裂变式获客变得不太可能。

在图书销售阶段，鸟叔的"升维路径"是借鉴互联网思维，放弃大部分前端出版利润，把卖书当作一个流量入口，通过后续经营，扩大营收和利润。

在不通过卖书赚钱的商业策略（部分作者也会主动放弃版税）下，依托接入"云仓"等硬件升级，鸟叔得以远低于行业平均水平的价格出售给用户，用户也会被沉淀鸟叔私域中，通过精细化私域运营，销售客单价更高的知识付费课程或训练营，这就让鸟叔比其他出版商多出一个"利润维度"。

02　"短视频+直播"借势出圈，让垂直专家变身"超级网红"

根据抖音官方数据显示，2021年图书知识达人数量同比增长89%。"短视频+直播"无疑是出版业拉升图书销量，迈向下一个发展阶段的重要跳板。

从短信时代就抓住"内容红利"的鸟叔，也提前预感到这一趋势的到来，早在2020年年底就在抖音、视频号、快手跑通"短视频+自播"模式，成功打造了一整套"去中心化"的分销网络。

在IP的孵化和签约上，鸟叔只签约垂直领域的专业人士，以鸟叔操盘的明星案例"同传姐妹花"为例，博主毕业于同传专业中的世界顶级名校——英国巴斯大学，翻看其账号的内容，也都是在展示其高超的同传技能，不论是新闻联播中的复杂词汇和表达，还是热门新闻的即时翻译，发音标准动听，仅仅依靠爆款短视频，就涨粉170多万。

在英语语培赛道扎堆卖课的时候，"同传姐妹花"依托背后的出版行业优势，提升自己的竞争维度，在流量高峰期创新了"学习工具书+英语课程"的组合打法，单品最高销量达到1.5万单，其中90%以上都会沉淀在IP矩阵的私域中，这无疑是对同行的一次降维打击。

保守估计，"同传姐妹花"在整个后端有500万元以上的变现。

和"同传姐妹花"一样，鸟叔与合作IP的彼此选择，是一次次有着相似目标的"双向奔赴"。通过分享垂直领域的知识，获取精准流量和粉丝积累，再通过为粉丝筛选推荐图书，和用户建立初步联系，后端转化高客单训练营和知识付费产品，和IP一起分享利润。

Four

第4篇　壁　垒

第九剑：一帮全力支持的证言团

首先，我们了解一下什么是证言团？

你的客户买了你的产品，愿意为你站台说话，客户就是你的证言团；大咖觉得你的人品好、产品好，愿意给你背书，大咖就是你的证言团；权威机构认可了你的产品，愿意给你的产品颁发证书，权威机构就是你的证言团。

为什么证言团是一个IP的壁垒呢？

一个IP有很多东西是能被抄袭的：你的定位、产品、公开课逐字稿等都可以被同行模仿，模仿程度甚至是"像素级"的。厂长之前做操盘手，打造IP的时候，一些爆火的产品就被同行"像素级"模仿过，但他们唯一抄不走的就是证言团。如果对方强行抄袭，可以定性为虚假宣传，甚至诈骗。

当一个IP完成了前面的八大剑法，后面搭建商业模式的壁垒，就是不断地修炼第九大剑法，也就是构建证言团。当然，我们不应该在IP完成闭环后才开始重视构建证言团，而是从最开始就以终为始地思考自己的证言团该如何构建。

厂长在上线"私域创富圈"和"小而美创富圈"几个新产品时，找了很多大咖来给我站台。做"私域创富圈"，我找了100多位大咖，后来做"小而美创富圈"，找了400多位大咖，这些大咖90%都会答应我为我站台，他们有些是我的会员、学员、私董，有些是势能比我还要高的大咖。

这些人给我站台后，我的发售变得异常火爆。许多还在犹豫的潜在客户一看那么多人给厂长背书站台，就会建立起信任，决定下单。

厂长把自己从零开始做IP，并且获得这么多证言团支持的思路做了一次系统梳理，总结了以下四个思维，希望给正在做或者打算做IP的你，提供一些实操性的参考。

第一个思维：付费思维

开始做IP以来，厂长花了上百万元报课和进圈子，进了至少10个私董会。不得不说，付费的效果很直接，它是最高效的、向上链接的方式。加入一个私董会，你会有以下收获：

1.快速跟私董会的发起人建立起信任和联系

一般来说，能够把私董会做起来的人都有很高的势能，有一定的影响力，是这个行业的佼佼者。但他一个人的精力肯定是极其有限的，所以，他才会通过付费的方式做筛选，确保把自己的精力放在最有价值的人身上。这种向上链接的方式非常奏效。

厂长以前每天要回复很多条私信，但自从我做了恒星私董会之后，我会在每位私董的微信昵称后面加上"我的私董"的备注。在日常聊天时，如果有私董跟我聊天，我也会花更多时间和精力来解答他们的问题，毕竟对方是用真金白银支持我的人，这一点，对所有IP都适用。

这种付费，不仅是付费进入对方的圈子，还包括给对方直播间刷礼物，刷大礼物。这绝对是一笔非常划算的人脉投资。

2.进入到一个阶层，快速获得资源和人脉

当你加入一个私董会，除了跟组局者快速链接外，参加线下活动或者进群都可以快速链接到很多跟你具备相似价值观、付费能力的圈子。这个社会表面上人来人往，仿佛大家在做随机匹配，但真实的世界就是由一个一个圈子组成的。

圈子决定信息，信息决定认知，认知决定行为，行为决定习惯，习惯决定了你的价值和收入，而你的价值，最后反过来又决定了你的圈子。

私董会这种产品为什么有人会付费？

吐槽私董会的人都说："花几万元就是进了个微信群！"不可否认，这是人们常有的想法，当年厂长甚至也这样想过。

厂长是机缘巧合之下进了一个"贸大校友创业与投资群"，才开始做互联网创业的。厂长是被一位正在创业的学姐拉进群的，这个群意外地打开了厂长的认知。

2014年，我在群里认识了一位学长，这位学长刚开始做公众号，也知道我当时的创业经历，他非常欣赏我，与我分享了他观察到的微信公众号红利。

学长开心地对我说："小肖，有个特别适合你做副业的产品叫'微信公众号'。就是你注册一个公众号，把二维码发给别人，别人就可以用微信关注你，你每天都可以发一篇推送，它会直接推送给你的粉丝的微信，粉

丝几乎都会打开。如果你能做一个一万粉丝的公众号，就可以收广告费了；如果你能做一个百万粉丝的公众号，就等于一个地方电视台；如果你可以做一个千万粉丝的公众号，就等于顶级的电视台了！"

学长还说："我刚注册了个'贸小豆'的微信公众号，是针对我们学校的一个校园服务平台，没怎么分享，仅靠学生自发传播，一个下午就有5000多人关注，由此可见，现在做微信公众号有大红利。"

当时的我完全没接触过这方面，对学长说的话也是半信半疑。他还一再叮嘱我，让我不要对外说，自己先偷偷做，如果知道的人多了，就没有做公众号的机会了。

于是，我的创业就这么开始了，"思享空间"在这样的条件下启动了。可以说，我的人生轨迹跟这个微信群相关——在这里，我找到了跟我同频的创业者，还获得了非常重要的红利信息。

我开始创业时，市面上都是App创业者，我一度觉得自己创业无望。要知道那时的我只是一个银行的小职员，还想过自己要不要一边上班一边炒股，因为当时股市还在蓬勃上涨，而我手头有10多万的积蓄。现在回看，我很庆幸自己加入了这个微信群。到现在我还记得这个群的名称，我曾在群里看到一些很厉害的创业校友分享创业文章以及大咖的闲聊，这些都打开了我的认知——原来创业可以这么酷！

后来，我进入了很多私董会，在这里找到了不少跟我业务匹配的人。同时，这些私董会的群也成为我重要的信息来源。我发现，组局者的获益其实非常大，于是，我也萌生了做私董会的想法，并且很快实施了这一计划。

我每次跟私董聊天，特别是一对一聊天时，都可以了解到各行各业那些不为人知的赚钱模式，非常长见识。后来，我还跟一些私董达成了深度合作，我提供资源和流量以及启动资金，对方帮我变现，一起分钱，合作而不合伙。现在，我有很多的"轻合伙人"，我们各自发挥优势，一起变现。

这就是圈层决定命运，也是厂长做私董会的意外收获。

3.私董会的相关服务权益

每个私董会都会设计一连串的权益，包括线上线下活动、各种先人一步的信息等，这些权益中，有不少都是可以帮助你打开圈子、打开认知的权益。

厂长的恒星私董会的权益也在不断迭代，不断优化。后续我也计划出一门课程专门教大家如何做私董会。

第二个思维：坚持思维

IP做销售，本身就是先建立信任，再通过产品来传递信任。一个能够长时间坚持做一件事情的IP就显得尤其靠谱。

厂长有一次参加投资人组织的"创始人的沙龙分享"，到了相互介绍的环节，投资人让大家用一件自己做过的，并且觉得很厉害的事来介绍自己。那次会议有20位CEO参加，18位讲了坚持做一件事情的经历，有讲三年坚持健身的，有讲坚持每天6点起床的，厂长当时讲的是："我每周写3000字的周报，已经坚持了4年。"

不管是创作、健身还是学习，一个IP如果可以坚持做一件事情，并且把坚持这件事告诉大家，那么这个IP自身的成长事迹就会让人非常有收获。

我接触过一位做心理领域的IP，跟她连麦的时候，她说起了一段自己做IP之前的经历：

当时她刚刚创业失败，被团队指责能力不行，心情非常低落。把团队解散后，自己一度陷入抑郁。

为了让自己能够从抑郁中走出来，她开始学习和研究心理学，她的学习是带有输出的学习，每天写一篇几千字的心理学文章，在公众号上推送。

开始，她的公众号只有几十个人看，慢慢地，看的人越来越多。坚持了一年之后，她的公众号已经有了不少关注用户了，她也在心理学领域成了专家。更重要的是，她收获了几个知识付费大平台的offer，喜马拉雅、荔枝微课、千聊、知乎都邀请她开心理学课程，而当时正处于知识付费红利爆发前夜，她的心理学课程快速被各个平台推火、推爆，她也成为了各个平台的心理IP。

而这一切，都是因为她坚持每天写一篇公众号推送，并且坚持了一年之久。

再讲一个案例：

厂长刚做IP时也不是一帆风顺的。

高中的时候，因为经常感冒，我的嗓子不太好，有咽喉炎，只要说话超过一个小时，嗓子就非常难受，感觉说不出话来。毕业后，因为我的工作是在银行，创业的时候主要是做操盘手，所以我并没有在意这件事。

自从做了IP就不一样了，我需要高频做直播输出，有时候还要做线下大课。为了保证课程的体系性，我一个人要讲两天，每天要讲8个小时，这对我的嗓子来说是一个很大的挑战。

我一开始不相信嗓子是可以通过练声来改变的，后来跟一位私董吃饭，我问他："你是怎么做到让声音这么好听的？"他说，他的声音一开始也不好听，为了练习演讲，他刻意练习发声，练习了一年多之后，声音有了很大的改观。我听到后特别受触动，在一次直播的时候，就说起自己也想练声，想找个声音老师，科学地学习一下，解决自己不能长时间说话这个问题。

特别巧的是，厂长有位会员就是这方面的专家。他做了一番自我介绍之后，提出可以免费教我。

厂长在跟他上了第一节课之后，他跟我说，练声要有效果、有结果，需要每天坚持练习15分钟，而且要练习一年的时间才能持续保持。我当时想要改变声音的决心非常大，从第二天开始，雷打不动，每天练声。甚至为了让自己有决心，我主动给教练转了6000元钱，跟他说，我每天把练声的音频发给他，每发一条，他就给我返100元，坚持60天。练习了15天之后，我的声音开始有了变化，变得更有磁性，而且发声的方式也有了变化，不那么累了。

坚持60天之后，我成功举办了第一次线下大课，两天时间，每天8小时的输出之后，我的声音依然非常洪亮并且有磁性。我的教练特地从泉州来到北京，参加我的线下大课，并在第一天课程上讲起了我们之间的故事。

他讲了我坚持每天练声15分钟这件事，他表示，作为一家公司CEO，每天都能雷打不动做这件事非常难得。后来，他因为信任我，主动付费报名，成为我的私董。当晚他讲完我如此坚持做一件事情并且成功拿到结果后，不少人都被打动，也果断报名成为我的私董。

得益于坚持的能力，厂长养成了很多非常好的习惯。现在，我依然每天健身半小时，练声15分钟，并且坚持定期写月报。很多人跟我连麦或者在直播间介绍我，说完了我的Title（头衔）之后，都会讲起我健身、写周报以及练声的故事，这让我在很多场合都能够收获大家的信任。

最后，我想告诉大家，很多IP，包括顶流IP都有一些坚持的小习惯。比如，罗振宇的"每天60秒"，他从2012年12月就开始坚持做这件事，一直到现在，已经有两千多天了，而他说要坚持10年，到2022年的12月25日，这件事情也让他收获了极强的存在感和别人的信任，而且他对于"60秒"的偏执还体现在他对内容作品的极致追求。

所以，如果你想要做好一个IP，想要成为一个靠谱的IP，那就不要犹豫，从现在开始给自己定一个小目标，如果你实在坚持不下来，还可以像厂长一样，设置打卡基金，或者发一个朋友圈，让大家点赞并且监督你，如果你中断了或者没做到就给每个人发红包，就像下面这条朋友圈，它绝对会让你收获很多的证言团。

图4-1　厂长日更100天Flag朋友圈截图

第三个思维：超级案例思维

最好的证言团，其实是你的客户、你的案例，特别是超级案例（买了你产品的客户因为你的产品，有了很大的提升或改变，这种改变，需要是真实而又具体的改变）。

做超级案例的前提是用心履约，真正帮助你的客户成功，成就你客户的梦想。

可能一开始你的案例比较少，但没关系，万事开头难，你甚至可以免费帮助别人。

我有位私董专门给人拍短视频，开始他免费帮身边的朋友、大咖拍摄短视频，做了十几个粉丝破10万的账号，每个视频最开始都是他的声音，后来，他的"演讲黑客"和另外几个账号破百万粉丝，有好几条大爆款。他的势能不断提升，有创始人直接给了他29.8万元，只是让他拍2次短视频，每次30条。这是一次现象级的创始人IP孵化产品。他的思路就是超级案例的思路。

一个好的超级案例，就是一个行走的销售，如果你要做一个有生命力、有壁垒的IP，一定要有超级案例思维，这样你的证言团会越来越多，势能、壁垒也会越来越高。

第四个思维：连麦思维

厂长在私域做直播，做得最多的就是连麦。恒星私董大咖课就是邀请厂长身边有结果的私董和大咖来直播间，厂长准备20个问题，向他们提问，让大家来学习嘉宾身上的干货。

厂长有助理后，开始教助理来准备这20个问题。接下来我的前期投入很低，直接就可以直播了。我的第一阶段目标是100场，现在已经完成得差不多。如果效果好，我打算再定个1000场的目标，持续连麦。在私域，连麦是性价比最高的一种IP活动。为什么这么说？有下面三个原因：

1.对IP本人来说，是一次一对一深度学习

在直播间，你可以提很多问题。嘉宾为了直播效果，一般都会知无不言，把干货分享出来。

厂长现在连麦了将近一百场，每次连麦，直播间都是我深度学习的场合。

图4-2　部分厂长连麦海报

两个小时之后，我通常会快速把一个IP几个月甚至几年的思考和总结过一遍，并且对IP所处的领域有一个比较全面的了解。到我做一对一咨询的时候，也能够拥有这个领域的优势，从而帮助我的私董解决问题。

每次连麦，我都像是读了一次这个行业的浓缩MBA。高强度的学习让我对商业有了更加深刻的了解和理解，同时跟对方的关系也变得更加紧密，毕竟一对一深度交流了两个小时。

2.连麦可以放大IP本人和对方的势能

连麦本质上是一次私域换量。如果内容优质，还可以获得系统的推荐以及用户的转发，从而获得更多的流量。这对双方来说都是一次势能和流量的放大。

另外，连麦期间全程录屏是非常优质的内容生产方式。我见过不少私董都是直接把连麦的录屏剪辑好，再作为短视频发布，以此获得新的流量。

厂长之前喜欢私下拜访高人，后来我想，在哪见都是见，时间也是花了，那还不如直接在直播间连麦见，不仅自己可以学到很多东西，还可以让自己的学员、私董、会员以及私域的好友一起学习。

这样做了一期之后，效果特别好。于是，我就在直播间持续做了起来，到现在已经坚持了快有100期，相当于跟100多个嘉宾互换了流量池，还生产了许多优质的内容。

我有不少私董都是看到我跟某位私董连麦，对方在直播间现身说法，大力推荐我的私董会，于是直接成单。

3.坚持连麦可以获得精准流量和信任

如果大家要在一个领域启动做IP，我强烈推荐你冷启动，找100位这个领域里优秀的人来连麦。一开始可能请不到，但是你要坚持发出邀请。实在不行，就付费成为对方的私董或者买对方的产品，付费永远是最快速的链接。

连麦了一位之后，把数据做上去，不断发朋友圈，不断建群，到一定程度之后，可能之前拒绝你的优秀的人，看到你的坚持，或者看到你的数据，就会愿意接受跟你连麦。

当你花几个月的时间连麦超过100位优秀的人，并向他们学习后，你就能对这个领域有足够深的了解。而且，拥有了100个曾经花两小时一对一的高质量人脉，你做任何事情，都可以快速拥有100个大咖背书作为证言团，以及100个大咖朋友圈的精准流量。

另外，当你做了100场连麦，听了你直播的人，在朋友圈围观你做100场连麦的人都会对你有更深的信任。如果你有决心，甚至还可以在第一场开始的时候发一条朋友圈，做一个铺垫，这样大家在30场到50场之后，就会对你刮目相看，会觉得你是一个能够说到做到的人。于是，等到你推出对应的产品，你就可以找连麦过的嘉宾来给你站台背书，很多人也会出于信任毫不犹豫选择下单。

所以，连麦，特别是视频号连麦是一个非常好地找到证言团、建立信任，甚至精准获客的方式。

以上就是"第九剑"的全部内容，打造好证言团，可以让你在做IP的路上走得更稳，走得更远。

- -

至此，方法论部分全部结束了，感谢你的时间。

这里，也容许我在本书方法论的最后部分打一个广告，介绍一下我们恒星私董会。

如果你想要快速破圈，想要加入一个优质的圈层，想要给自己一个不一样的开始。这里，肖厂长也真诚地邀请你加入恒星私董会。

如果你想深度链接厂长，希望加入一个每天都在群里相互约连麦的圈子，或者你希望找到一个爱付费、爱学习、爱坚持的圈子，让你在做IP的路上更有方法论、更有坚持的动力，破除信息差、提升关键认知、提升行动力，欢迎来到厂长的恒星私董会。

厂长的私董会权益，就不做过多介绍。如果你感兴趣的话，欢迎扫码关注我的公众号，发送关键词【私董会】，就可以查看到我的私董会的最新权益。

超级个体案例

📓 胡萍校长：分布式创业的超级个体

打工打到把公司买下来的人，相信你只在电视剧里见过，而在我的私董会中就有这么一位。

胡萍，大家更喜欢称她为胡萍校长，新商业女性和新实体财富会创始人，视频号百万直播间主播、企业家，深圳市人大代表。

2018年与合伙人一起创办了新商业女性，帮助30万+的创业女性成长成功，

2021年创办新实体财富会，帮助1000+实体人降本增效、打造爆款，用分布式模式帮助实体老板实现业绩翻倍。

1962年出生的胡校，到2022年刚好60岁了，对于很多女性来讲，这是退休的年纪，但她仍奔走在事业的一线上，你每周依然可以在她的直播间中看到她，参与学员答辩，分享她的创业经验、人生经验。

在开始创业之前，胡校曾经是一名大学老师，研究生毕业后回到母校齐齐哈尔大学任教，在那个物资相对匮乏的年代，有机会做一名大学老师，对任何人来说，都是可望而不可及的。

让胡校选择放弃的原因有两点：一是生活上的拮据，教师工作的薪资不足以改变家族的命运；二是深圳的创新与潜力，改革开放后的深圳成为一个人人向往的"梦想之城"。

带着对未来的无限憧憬，胡校告别两岁半的儿子，只身一人来到这座城市。

来到深圳后，胡校进入的是一家台资企业打工，秉承着改变命运的信念，只问耕耘不问收获，公司哪里需要就把哪里做出成绩。胡校最终买下这家公司。

我和胡校是在一场视频号的直播峰会上认识的，胡校作为主题嘉宾，而我也被邀请上台做一段演讲，就这样我们认识了，并且加了微信。

在我的恒星私董发售时，胡校也是秒入，后来特别荣幸，邀请到胡校在私董会中做了一次分享，在了解到胡校的商业模式后，我大为惊奇。

相信你在听完我的介绍之后，也会有和我一样的感受。

01 新商业女性

胡校在深圳女企业家商会当副会长的时候，负责引领女企业家们的学习和成长，带着女企业家出国、到处学习。她发现爱学习的女性可以更快提高认知，当时就有创建一个帮助女性成长的机构的想法，后来在社群中，结识到了现在的合伙人，一起创办了新商业女性。

2019年—2020年，是新商业女性蓬勃发展的两年，一期期的创业营开遍各个城市，新冠肺炎疫情期间上线的公益共学营的表现更为亮眼，从开始的500人最终裂变了5万多人。她是怎么做到的呢?

公益共学营上线的是"398"线上社群课，课程内容就是教你如何做社群运营，第一期课程的500人在结束课程后，立刻上手实操，去裂变下一个500人社群，依靠这种模式让社群的规模快速的发展，最终实现千万营收。

这其中，IP的价值是不可被忽略的，通过IP所营造出的信任感，才让500人之后有了下一个500人，这种就是IP型的私域。

02 新实体财富会

在新商业女性完全走入正轨之后，胡校兑现了她的承诺，将它完全地交给了合伙人管理，自己则开始了一段新的创业之旅——新实体财富会。

新实体财富会是通过分布式商业的学习，帮助实体人实现赚钱不难的愿望，面向的是实体店的店家、企业家、想打造个人IP的创业者、想要提升职场能力的人。

什么叫分布式?

分布式的商业模式简单说来是S2B2C，S可以理解成供应链，B可以理解成S的渠道，C是用户。

S具有标准化的产品，S通过对B进行赋能来提升B的交付能力，这样B使用S的标准化产品和S的标准化流程去交付C，可以给用户C更好的产品和更好的用户体验。

用这样一种方式，实体业能够实现业绩翻倍甚至翻10倍，并且随着基础互联网设施越来越完善，IP私域商业大有可为。

财富会的产品体系包含私域变现实战营、财富会、精英会、私董会，课程全部都是直播课程加共创的形式，相信你也清楚，录播是最省力的方式，但财富会选择了直播，这会加重课程的交付成本，那如何平衡这之间的关系呢？财富会是这样做的：

财富会的教练团队都是从胡校私董会弟子班竞聘，她们可以跟着全程走一遍财富会的模式，这对创业者来说是非常具有吸引力的，实操无论在什么样的课程体系中，都是重要的一环。

而助教都是从往期的学员中竞聘，只要上过课程有意愿的都可以报名来竞聘。

这样的方式有两个好处，也是分布式组织重要的两个点：一是开放组织，保持开放吸引更多优秀的人才，组织才有活力；二是轻资产，不需要养人，开课期间才组团，减少日常的开销成本。

这样的方式，不仅让学员能够有落到实操的机会，也将自己的产品线价值与权益展现得特别清楚，这也为后续转化带来无限可能。

行动派琦琦：穿越多个周期的创始人IP

如果说抖音中，教培转型带货最成功的是新东方，那么在视频号中，无疑就是琦琦了。

琦琦，行动派创始人及CEO，视频号千万直播间主播、互联网新锐女性创业者、矩阵自媒体人。

琦琦是厂长的恒星私董，也是厂长2015年创立思享空间的早期嘉宾，我们认识超过7年时间，彼此见证了各自一路创业成长，并且在2021年，殊途同归，一起转型做超级个体。

琦琦曾获得胡润百富"创富新势力"企业家称号、"2018中国品牌建设优秀人物"、2018TIME教育科技大会"中国未来好校长""中国教育培训行业影响力人物"称号等荣誉。

"人生仅仅只是在每日的实践的过程中，就悄然地发生了巨大的变化。"

"行动"无疑是琦琦最好的代名词，在她看来，创业是一片海，每个人都应该在这其中选择自己喜欢做的事情。

2012年开始加入创业者行列的琦琦，有着十多年的创业经历，从开始的公关活动策划到教培行业，从私域社群到新媒体，琦琦把握住了每一个可能的机会，走在行业的前列上。

2012年琦琦开始创业，投身公关活动策划行业，成立成朋品牌公关；

2014年创办公益学习型社群，行动派社群，助力年轻人成长和发展；

2015年创立行动派新媒体，逐渐发展为国内学习成长新媒体生态圈；

2016年创立行动派教育，引进海内外优质课程，为全球华人提供教育培训服务；

2020年打造创业教育品牌地表课堂，助力创业者；

现在，琦琦已经成为千万GMV的视频号主播；

新的浪潮来袭，琦琦会站出来，走在最前面，用自己的行动去面对"未知"，最终将这份"未知"转化成自己新的"子弹"，为自己创造出新的收益。

接下来，我将以一个创始人的视角带你重新认识一下琦琦的商业模式。

01 第一阶段：行动派，教育和社群的完美结合体

行动派，是致力于为全球青年提供高品质成长服务的国际化创新教育平台，最初的起源是琦琦和一群热爱学习、分享的90后团队，为呼吁更多的青年人行动起来而组建的青年社群，后面逐渐壮大，发展成为教育和社群完美结合的创新平台。

"社群"+"课程"的模式，更贴近用户的同时，也能够更了解到用户的需求，无论什么时代，谁能够离用户更近，更了解自己的用户，谁就是这个领域的王者。

微信生态的天然流量池，其拥有社交属性所带来的裂变，在那个年代，带来的收益是不可估量的。

我在做轻课、趣课多、极光单词等品牌的时候，也和琦琦做过几次沟通，可以说在很多理念上，我们都是相同的，我和琦琦都受益于微信生态所带来的红利。

02　第二阶段：知识IP，千万直播间的超级知识IP

在做IP这件事上，琦琦再一次走在前面。

她是国内最早的个人品牌实践者以及知识IP经纪人，早在2013年就被新浪财经微博评为"全国最值得关注的财经媒体人"，其间打造了众多优秀的互联网企业家个人品牌，并有意识的开始在全球范围内签约众多国际知识IP。

通过签约这些知识IP，提供打造个人品牌需要的全方位支持，并为他们量身定做相关课程，持续为行动派扩充课程的同时，也在为自己的个人品牌打造积累经验。

在足够成熟后，琦琦推出了自己的个人品牌课，并邀请众多国内新崛起的知识IP毫无保留分享，课程从个人品牌理念入手，涉及个人品牌工具的运用、个人品牌变现的方法。

我经常在视频号直播间刷到琦琦的直播，让我更佩服她的，是她全身心做直播的决心：每天都播4—5个小时。

琦琦的勤奋，也让她牢牢地抓住了2022年上半年的视频号知识博主红利，现在，琦琦的直播间课程累计销售已经破千万，大部分都来自自然流量。

03　综合主播：百万直播间的带货大V

完成知识IP的进化后，琦琦迈向了下一个目标：综合型主播（教培+带货）。

在琦琦2022年最开始的3场带货直播中，第一场跨境美妆77万元，第二场国货护肤Rasi53万元，第三场天使之泪珍珠专场，424万元收官，刷新了自己的直播间带货业绩。

琦琦的共情能力是她直播间中最大的利剑，真诚展示，共情所带来的是直播间销售额的增长。

如何锻炼自己的共情能力，琦琦分享了三个关键点：

1.勇于讲出自己的故事，表达越私人，用户越共鸣；

2.做播种型主播，而不是索取型主播；

3.可以做一个共情小组，3—4人为宜，全然为对方付出，不计回报。

访谈的最后，琦琦对我说："行动派的理念叫'帮助别人，得到发展'，这是我们要一生践行的商业理念，所以我希望未来行动派有钱，因为那意味着我们真的帮助了很多人。"

刘励：夫妻创业+创始人IP，成就线下少儿体育综合体新模式

都说超级个体创业，夫妻档是最好的组合，我非常认可，身边也有很多这样的案例。在我的恒星私董会里，刘励和她的先生张佳滨，就是体育教育行业的夫妻创业标杆。

刘励是佳宾体育的创始人，全国有近30家冠军品牌少儿篮球馆，和一个几万平方米的少儿体育教育综合体，目前还在不断快速扩张中。

女性创业者的坚韧、美貌与智慧并存的中国女性创业者风采，在她身上体现得淋漓尽致。

作为一个女性创业者，怎么会进入到体育赛道，和一堆男性创业者厮杀？

这个缘分来自刘励的先生，她的先生张佳滨是篮球运动员，大学期间是CUBA

（中国大学生篮球联赛）九冠王华侨大学男篮队长，是CUBA传奇名宿，带领球队获得过5届CUBA全国冠军。毕业后，留校担任华大男篮教练，又率队获得3届CUBA冠军。球员生涯退役后，依旧不负梦想，赢得多项全国篮球冠军，如2016年新浪3*3全国冠军，2017年全运会三人篮球赛冠军，并在同年代表中国队出征亚洲杯。

而刘励自己则是在招商银行从大堂经理，一路拼到成为银行内部的培训师，到今天已经和先生一起创业8年。

最近几年，线下机构的生存越来越艰难，这也让越来越多的创始人从线下走到了线上，从幕后站到了台前，寻求更多的发展机会，刘励就是其中的一个。

刘励在我的私董石榴叔介绍下加入了恒星私董会，在私董群日常分享关于体育行业的打法、最新认知。10月份，我还曾到福建泉州线下参观了他们开的2万平方米体育教育综合体，为此我还专门拍了一条探店视频。

接下来，我会带你拆解分析刘励的定位和商业模式。这对目前经营体育教育机构、或者将来做IP入局体育教育赛道的创始人，都有非常强的学习借鉴意义。

在我看来，刘励商业模式最厉害的就是切入到一个利好的细分赛道，线上线下结合、C端和B端打通，并且能拥抱变化，完成了产业的升级，成功跨越商业周期。

01 夫妻IP精髓：先生做C端品牌，妻子做B端IP吸引代理商

夫妻IP创业的精髓：一人搞定C端，另一人搞定B端。而刘励夫妻俩就是一对典型的分工明确的夫妻。先生张佳滨作为专业篮球运动员，致力于做C端的品牌，包括球馆的日常运营、教练的培训、学员的交付训练等。而刘励则负责B端，吸引本地创业者做联营，站到台前做创始人IP。

她4月13日加入我的恒星私董会，5月就毅然站到台前，做直播、拍视频、做公众号，分享自己多年经营体育教育机构的经验。

刘励说："站出来，才有力量！"

站到台前，需要创始人在这个领域多年深耕，有系统的实战经验和方法论，也是对创始人一个极大的挑战，对创始人各方面的综合能力有极高的要求。

02 开发线下教育综合体，"共享流量"

2014年，刘励就和先生切入少儿篮球的细分赛道里，凭借着先生篮球冠军的知名度和专业背书，再加上刘励自己的职场经验，从0开始创建了佳宾教育品牌，开启了第一家店，顺利完成了首批招生。

跑通少儿篮球项目后，刘励夫妻俩立刻投资上千万元，包了一片废弃的田径场，大力开发线下教育综合体。一个少儿体育教育综合体，就是把所有少儿体育相关的，比如游泳、街舞、篮球、网球、足球等不同品类的线下门店聚合在一起。所以因为不愁招生，以前这些门店都在不同的地方分别开店。新冠肺炎疫情之下，恰恰是一波机遇，因为开在其他地方不挣钱，所以他们的教育综合体吸引了很多商家入驻。大家开在一起，可以"共享流量"，相当于线下的"私域流量互导"。

同时，刘励夫妻俩创立了FBA篮球发展联盟，用赛事活动吸纳了所有优质的培训机构，解决活动赞助的问题，同时又大大增加了品牌的曝光和影响力。

开发线下教育综合体，既能多方联动，"共享流量"，又扩大了体育消费，完成了体育产业升级。

03 总部赋能，标准化做联营

我一直认为，最好的赚钱模式就是把已经赚钱的模式多多复制，而复制的核心是标准化运营。

佳宾体育跑通一家门店后，刘励夫妻俩将经营标准化，而后全力开放标准化联营模式，这几年在全国开了近30家店，并且每家店的营收都还不错，这其中的原因就是因为做到了这个核心：总部赋能、全部标准化运营。

📓 清风：情感细分赛道不为人知的定位和机遇

清风是一名优秀的连续创业者，目前是抖音情感账号"清风的宠爱力"创始人，在情感领域中的一条小众细分赛道发光发热。

我和清风在北京一次活动中相识，初次见面便相谈甚欢，十分投机，随后在7月份约了一次线上连麦，深入聊了聊情感细分赛道的变现方式，连麦结束后清风便加入了厂长的恒星私董会。

大家可能很好奇，清风所在的情感领域小众细分赛道到底是什么呢？

2021年，女大男小的婚姻比例目前已经上升到了40%以上，超四成的婚姻都是女大男小，也就是我们常说的——姐弟恋。

姐弟恋大家都知道，但是很少有人想到围绕这一群体做服务。而清风正是瞄准了这条小众赛道，选择做"姐姐们背后的男人"。

这条赛道非常有意思，而且"启迪性很强"。

时代在发展，环境在变化，即使是小众市场，在互联网的加持下也可能会变成一个小而美的好生意，大家要多观察、多感受，或许身边潜藏着很多我们看不到的商机。

下面，厂长就带大家以"超级个体"的视角，仔细拆解一下清风的"姐弟恋细分赛道"，为大家优化自己的商业模式提供借鉴。

01 清风本人作为创始人IP的优势

首先，清风自己本身懂业务，是一名连续创业者，还亲自参与一线工作，对姐弟恋相关的情感咨询服务有深刻理解。

其次，外形优势，他干净帅气的颜值以及健硕的身材可以天然吸引女性客户（目标群体）的好感，并且声音经过刻意练习，非常有磁性。

在直播间或者拍摄短视频会将外形和声音的优势成倍放大，易于获取客户信任。

02 清风产品的设计

1.低价引流品

低价引流品其实涉及产品模型的转变，我们来对比一下。

之前清风这款产品的单价是99元，主要用来引流，吸引潜在用户。

一般愿意买引流产品的，都是对清风主力产品感兴趣但是还在犹豫的高意向用户。锁定这些用户后，通过为其提供更深度的服务，实现向利润品的转化。

现在清风在原有产品的基础上加了5节定制化课程，价格提升到了499元。从引流品向利润品变化，增加更多干货的同时，依然带有引流的性质。让用户更加了解自己的产品，以便后面进一步销售这种"情感陪伴服务"高客单产品。

2.主要利润品

情感咨询陪伴服务：

- 清风本人：1.5万元/月
- 清风手下的其他咨询师：1.5万元/3个月

这个是清风的主要利润产品，专业的情感咨询陪伴服务。

主要面向人群：

- 35岁—45岁高净值单身女性
- 年收入1000万元以上

客户多为姐弟恋中的女方，她们的痛点主要有两方面：

- 闺蜜朋友会认为弟弟只是图她们的钱，在社会层面没办法获得理解和支持
- 为弟弟花钱觉得委屈，因获得的情绪价值不够，又不知道如何表达需求引导对方

在1—3个月的时间内，清风及其团队把解决这方面的问题作为主要目标。

3.其他衍生业务收入

• 与清风本人线下见面：1万元/次

• 与清风手下咨询师语音咨询：900元/30分钟

03　清风的商业模式

通过在抖音拍摄短视频以及直播的方式吸引目标客户。其短视频标题多以展现男女情感中的常见问题为主。总体更偏向女性视角，如"怎样判断男人的想法""弟弟的好""弟弟的想法"等，以此吸引女性目标用户的关注。

直播也多以谈论相关男性的情感话题以及与粉丝连麦解决情感问题为主。

直播间现在也渐渐的成为清风的主要获客渠道，包括课程售卖与私域引流。

引流方式方面，清风会通过在合集栏留下联系方式（微信号）、引流产品，或者直接加入抖音粉丝群进行触达。

最后通过朋友圈、群内消息的反复刺激，触达姐姐们的痛点，进行最终高客单（利润品）的销转。

清风在早期的低客单、重交付的商业模式中踩了大坑，导致最终创业失败。但他及时吸取教训，转变商业模式，迅速调整方向，找到了"姐弟恋"这条小众、低频、高客单、重交付的赛道，完成转型。

可见小而美的超级个体模式更适合素人创业，小众的细分赛道里机会更多，成功率相对更高，利润也是非常可观的。

时代在变，趋势也在变，在热门赛道一片红海的背景下，小而美的细分赛道不失为一个明智的选择，希望这篇案例能给大家带来一定的启发。

辰薇：女性成长平台如何做到9个月裂变60万付费用户

一头干练的短发，精明强干的商业头脑，这是辰薇给我的第一印象。

我跟薇姐有深度合作，她是我们"趣课多"平台的签约IP，我们在一起一年就创造了几千万的线上营收。

辰薇，美在当下品牌创始人、畅销书作家，中国年度商业人物，清华大学师资库导师，《美丽俏佳人》《非你莫属》《求职高手》等栏目常驻嘉宾导师，其创立的女性品牌"美在当下"9个月裂变60万知识付费用户，2年获取2000万用户。

国内一线知名美学顾问出身的辰薇，对个人IP塑造和商业管理有着深厚见解，曾帮助数以万计的女性实现形象蜕变与财富双收，并曾被数十家媒体争相报道，也是各界大佬争相投资的80后女强人。

大学时期的辰薇学习的是形象设计专业，后来考入中国传媒大学，完成研究生的深造，当时的辰薇想法很简单，就是一定要在中国美业这个舞台上绽放自己。

因为爷爷是一名教师的缘故，刚走出校园的辰薇踏上了教育之路，在头部院校做一名化妆造型老师。

人物形象设计这个专业在当时的中国市场处于新兴阶段，懂这个专业和学习这个专业的人又是少之又少，虽然竞争看起来没那么激烈，但当机会来临的时候，还是会青睐那些在努力深耕的人。

"运气是靠我们自己创作出来的！"

正巧当红巨星周杰伦在内地准备开地表巡回演唱会，需要寻找一支专业的梳化团队。在得到消息后，辰薇精心准备了一个月的草案，最终把握住了这次机会，让自己挣到了人生中的第一个100万元，也迅速地迈入了国内一线知名美学顾问的行列。

2014年辰薇创立了品牌——美在当下，2018年投入到女性成长赛道，从中国知名美学顾问到女性教育家，从形象定制到女性成长导师，一路走来，辰薇创立的美在当下以女性成长为核心不断升级。

而在商业模式上，美在当下也做出了一些调整，下面我将带你详细了解。

01 从To B到To C的转变

在品牌刚成立的那几年里，美在当下的定位是形象管理品牌，探索的是形象管理如何在中国落地，咨询师如何踏实地解决客户问题，如何为他们提供专业的形象定制和梳化造型。

主要面向的是B端客户，大多是一些企业家、一线明星、政府单位人员等，像SHE、林宥嘉、潘玮柏，以及前文提到的周杰伦等一线明星都曾是美在当下的客户。

辰薇做了大量的个案咨询，这期间，她逐渐发现美商的提升，给一个女人带来的不仅是外在的变化，更提升了她的自信与魅力，突破了圈层的限制走上更高处。但目前还有一大批日常生活中的女性，她们同样需要帮助，需要被引导走出人生的困境，提升自身价值来改变自己。

于是辰薇做出了将业务的重心转向To C的决定，将美在当下变成了新女性价值的成长学苑。

02 从0到60万付费用户

如何实现在9个月的时间裂变60万付费用户呢？这里我认为有两点非常关键。

一是辰薇的个人品牌价值。

什么是品牌价值？简单来讲就是让你变得更贵。一杯咖啡，如果它是普通咖啡，它可能只值5元钱，但如果是星巴克的咖啡，那么它的价值就会翻倍。

因为学习的是人物形象设计专业，辰薇提早接触到了欧洲近200年的个人品牌历史，超高的悟性也让她看到了这背后的商业价值，于是开始有意识地设计自己的个人品牌。

在网络媒体还尚未发展完全的时候，书和电视媒体是最能提高知名度的两个载体，人们获取外界信息的渠道有限，当你的名字出现在书本的封面上，你的形象出现在电视节目中，就会让人们对你印象深刻甚至产生崇拜。

辰薇先后出版了多本著作，又连续成为像《美丽俏佳人》《非你莫属》《求职高手》等当红节目的嘉宾，带来的价值就是在新产品发售时，达到了一呼百应的效果。

而当大量的流量涌进，必然会产生很多负面的声音，这会影响到产品的口碑，如何去减少甚至避免这样的声音所带来的影响，是我想分享的第二个点。

辰薇做了一件事情，在用户的整体运营思路上，她采用了用A影响B来带动C的方式，也叫作ABC法则。

A类用户的特点就是和平台粘度最好，也就是最忠实的用户，通过将潜在的A类用户筛选出来，不断经营，把她们打造成标杆，A自然就会去影响B的看法，维护平台的利益，进而带动影响C。

依靠这样的方式，让辰薇的美在当下收获了每年3亿多的GMV。

03 从线下到线上

2018年和2019年是美在当下快速增长的两年，踩在女性教育的红利上，她们的线下课程可谓是风靡，坐无缺席。

2020年，这个对每个人都影响巨大的一年，特别是对于许多创业者来说，可以说是至暗时刻，但企业做的越大，面对的困难也就越多，这也是对创业者心态的一种磨练。

辰薇曾因新冠肺炎疫情被困在国外3个月，无论是业务还是资金，各方压力扑面而来，虽提前布局了喜马拉雅、千聊、荔枝、开课吧、趣课多等平台的线上课程，但疫情的出现，也迫使辰薇和美在当下向线上转型，拓展业务。我跟薇姐也是那个时候认识，一拍即合形成合作。

在正式进入视频号6个月之后，粉丝就突破百万，GMV做到千万，视频曝光量突破3亿。

而在切入直播的时间选择上，辰薇并没有操之过急，当直播预约通过短视频可以达到1.5—2万人次的时候，她知道，机会来了。

首先她在直播间发起了一档节目《薇姐新女性空间》，邀请了一众大咖，如樊登、苏芒等到访直播间，继续增大曝光。

在变现上，辰薇定位于综合电商直播，根据其直播间的用户群体特征，25岁到55岁女性的购买需求，精准选品，扩大销量。而做IP所带来的影响力，也为她带来了足够的资本与品牌方谈判，拿到更优质、更低价的产品。

在访谈最后，辰薇谈及女性教育成长的意义时讲道："做女人，一定要学会绽放自己，一个人对这个世界最大的贡献，就是首先让自己幸福起来，因为只有你幸福了，你才有能力给你的孩子、给你的亲密伴侣、给你的家庭去传递爱，从今天开始，先让自己活成那个幸福的载体。"

郑道：打透大学生群体的超级个体

我和道哥曾经是英语在线教育这个赛道上的竞争对手，而现在我们是关系非常好的朋友。

郑道，原名郑景瑞，为了做IP，给自己起了个更容易记的名字，他是迈斯通英语创始人、职强教育创始人，大二时400元起家，创立3家营收过亿的公司，13年专注于大学生英语与职业技能培训，帮助10万+的大学生提升英语和职场竞争力。

道哥拥有和我很相似的创业经历，都是从大学时期就开始创业，他的第一段创业经历来自大一上半学期，这是一段非常超前的创业经验。

道哥和伙伴做了一个网站，售卖大学生需要的各种生活用品以及兼职信息，从网上下单商品后，可以通过招募代理一个小时内把订单的东西送到你的宿舍。

这种模式和现在的外卖业务非常相近，但当时是2009年，饿了么才刚刚成立。

由于道哥的业务与当地的地头蛇发生了冲突，受到了恐吓，出于对人身安全的考虑，他草草结束了这第一段的创业。

大二下半年道哥继续创业，踏入英语培训赛道，用当时最火的教材免费教英语，教了一年后就做到了一千人晨读。

通过这种模式积累下来的人脉和口碑，在自己的集训营里做长期班来实现转化，这也是现在迈斯通英语的雏形。

2015年互联网火热，他为了实现事业目标，道哥来到杭州做互联网创业，先做了一个类似于C2C（个人与个人之间的消费活动）的外教平台，对标的是教育界的淘宝，中教教的是免费纠音，外教教口语。

在运营一段时间后，道哥发现，这种模式下依靠20%的提点不足以支撑平台的运营，便对模式进行改进：将中教一对一改为中教一对多的模式，提高利润率；外教则采用一对一的模式，提高客单价，随后情况便慢慢好转。

然而纯线上的模式并不能够长期发展，还是需要与线下结合，于是转型OMO（行业平台型商业模式），在2017年做了少儿英语，并开发了App，最高时技术团队有30人，但服务用户有限，后来专注做迈斯通英语。

道哥的迈斯通英语和我的潘多拉英语、极光单词，是同一时期的产品，也是同一赛道上的竞争对手。但所有的关系都是相对的，同行之间表面是竞争关系，其实很大程度上是合作关系。

比如，我做了一款产品，最关注的可能不是我的员工，而是我的对手，当大家都在做同一件事的时候，就是在相互学习，相互促进，这也让我和道哥成为朋友。

01　从英语培训到大学生培训

2017年到2019年，道哥的业务重心一直都放在迈斯通英语上，有了之前的经验，迈斯通也逐渐向OMO模式发展，线下学习+线上AI练习，校区也逐渐扩展到了8个，营收达了几千万。

2020年，受新冠肺炎疫情影响，寒假班近千人刚完成一半的课程学习，因为学生无法到场完成不了剩下的交付。

道哥仅用8天的时间，将课程从线下转移到线上，开始上网课，但还是无法阻挡退费浪潮，那时候一个月退费金额达到了500万元。

好在足够的线上经验让道哥渡过这次危机，虽然业绩比线下时差了很多，但业务模式逐渐成熟，也将课程续费率做到了70%。

"我是受益于大学生的，我最早做大学生群体，只有大学生的群体才有机会让我免费去给他们讲课，锻炼了我的演讲、销售能力，有他们才有了我的今天，所以我想再为他们做点什么。"

无论是最开始创业，还是迈斯通英语，以及现在的职强，13年来道哥所面对的用户群体始终没有变化，因此也让道哥成为最了解他们的人。

02　To B 业务和To C 业务的融合

做线下，一直都是道哥擅长的事情，但有了前车之鉴，在职强的业务模式上，有了新的选择：线上的终身免费视频课程+线下3到8天的集中训练营，将自己持续积累的经验充分发挥。

除了To C的业务，道哥也在把课程带入到企业中，做起To B的生意，为企业做培训，做企业的生意目的并不是为了赚钱，而是为了建立起企业和学生之间的桥梁，让更多的企业看到学生们成长的结果。

这是一个双赢的选择，为什么呢？

对于企业来说，从招聘平台上找到一个想要的人才，需要花费大量的人力、物力和财力，如果有固定的渠道，可以定向的按照企业需要的能力模型去培养人才，节约招聘成本，相信没有企业会拒绝。

对于大学生来讲，能够见到真实的面试场景，并且解决自己的就业问题，这无疑是最好的交付，口碑也自然而来。

职强是道哥一次新的开始，所有的经验都将在这里展现，短短一年多的时间，职强已经积累了50万+的私域。

多年的创业经历也让道哥心态上发生了极大的变化，在访谈的最后他向我分享：

"败人二字，非惰即傲，创业者还是需要保持谦虚和勤奋，因此未来5年可能就是踏踏实实地做好自己，把自己的学生培育好。"

孙际翔："直播+私域+电商"操盘三连，押宝书画赛道抓住"新春天"

从文玩到潮玩，从画廊到直播间，互联网浪潮之下，书画收藏赛道正在和"三年不开张，开张吃三年"的时代道别，成为电商创业者眼中的"新金矿"。据估算，2021年已有多家头部团队实现月利润过一亿。

在我的私董会中，就有这么一位书画直播操盘手——孙际翔，他是营销科班出身，曾在吉林大学、北京大学、同济大学深造，并在一汽大众、德国奥迪、摩根重要部门任职。

2021年，在察觉到"直播+私域+社交"等消费场景的巨大红利后，孙际翔选择辞职创业，在长春、大同、郑州等地组建直播团队，奉行"与其打造1个明星直播间，不如打造10个平民直播间"的战略。主推起盘更快、更灵活、效率更高的超级个体直播间，已经跑通书画、紫砂、手作等SKU（最小存货单位），整体毛利率在

80%以上。

01 "掐尖"签约一线书画家，"虹吸"垂直领域流量池

不同于部分同行砸钱投放几十几百元的直播间，孙际翔更偏爱中书协、中美协的知名书画家，假设一个老师一年的费用是200万元，5个老师一年就是1000万元，相当于创业公司一轮天使投资的金额，这就让他们在行业内建立了很强的壁垒。

知识IP和娱乐IP不同，当一线的书画家面对数家公司的橄榄枝时，都不会把金钱放在第一位，而是综合考量名气和咖位。会看这家公司有没有其他名家、甚至行业内泰斗直播过，如果这家公司平时都是几十元几百元单价的老师，他们则会果断拒绝。

02 用公司模型创新，对冲行业变动风险

在书画直播行业，如何打造一个长久高利润的公司？

孙际翔的选择是"搭建一个完整的公司模型"，他把公司分为前端、中端和后端。

前端是所有能够看见的岗位，包括主播、助播、运营、场控，都建立起一个完整的团队体系，让所有人入职之后，都能很快上手，并且融入。依托强大的组织能力，哪怕遇到业内最严重的"直播间封禁"，他们也可以快速零粉起新盘。

中端就是售后，客服、物流等，只有中端体系足够强才能保证店铺分、口碑分等平台数据，才能最大化保证用户体验，才能留住真正高价值的用户。

针对C端用户经常遇到的因为专业知识缺乏，以及信息不对称导致的纠纷，他们会有专属的客服和完善接地气的话术体系。

更让用户惊喜，他们会邀请某一阶段的消费前10来到"私密专场"，一位老师只陪这10个人喝茶聊天点香，不断加强用户体验的"护城河"。

做企业是一把双刃剑，一面是价值，另一面是风险。后端是整个商业模型的地基，包括投资、合伙、创新和财务模型。

我们以其投资合伙为例，孙际翔有两种模型：

第一类是事业合伙人，就是双方共同一起出资出力，赚钱一起分。第二类是投资合伙人，他们只投资，但是不参与工作，后期按照提前约定的比例分钱。

这样既降低了企业前期签IP、压货的资金压力，同时将一些风险分担给合伙人，激励整个团队以最高效的状态向前运转。

03 选错客户误生意，找准大哥赚大钱

在"男人消费不足"仿佛成为商业定律的年代，书画文玩的消费群体却几乎是100%男性，孙际翔总结了3个特点"有钱、有闲、在三线"。

例如书画直播，用圈内的一句黑话说，就是"不求场观大小，只求一个大哥。"如果一个直播间有100人，那么绝对不是从这100人每个人身上赚一元，而是在一个人的身上去赚100元。

孙际翔透露，一位大哥在直播间的单笔消费最高的是20万元。因此，他们一个主播的主要工作目标就是在每天的一场直播中至少筛出一位大哥。如果仅靠作品本身去卖，是很难卖出一个好价格的。

04 未来：押宝千亿书画市场，推进数字化转型升级

对于未来书画文玩直播带货的发展，孙际翔认为困难会持续存在，但又充满乐观。

一方面，买家需求的增加和新入场者的进入，加速行业的洗牌，同时平台新规则的不断落实，对从业者的数字化运营能力和抗风险能力有了新的要求。

但另一方面，线上文化市场的崛起，为创业者和操盘手带来的是实打实的新渠道和庞大的新流量，为利润的"挖潜扩容"带来更深远的想象空间。

📓 朱佳航：从小镇女孩到600万粉丝超级个体

01 相识，来自同一栋办公楼

我和朱佳航是在2020年认识的，当时我们都在拍vlog（视频博客），而且在同一栋大楼，她在12楼，我在16楼。

3年过去了，朱佳航成为全网600多万粉丝，累计曝光超过10亿的博主，在抖音、小红书、快手、视频号都有百万粉丝，成功跨越短视频周期。从厦门读书到来北京学习做内容，再到杭州、深圳，一路走来，一直保持做内容的初心。

02 如何穿越短视频周期，3年涨粉600万

2019年的夏天，朱佳航还在厦门读大三，当时朋友说了一句："拍短视频能赚钱。"就这样，朱佳航开始了短视频之路，拍了一段时间后，终于爆了一条"搬家"的vlog，3000万的播放量，她预感到短视频的机会来了。

风口不是等出来的，而是做出来的。

就这样在一次机会下，她带着身上仅有的300元，来到了北京的一家的短视频公司学习，这家公司就是在厂长的楼下，12楼。

前两年大家所熟悉的IP，大网红博主，现在几乎都看不到了。而朱佳航能一直走到今天，已实属不易。全网600多万粉丝，条条爆款，在各个平台的数据都很不错，这凭借的是她创作的能力，对流量、对平台数据的把控能力，更重要的是迭代内容的能力。

03 10亿播放量的爆款内容形式模板

做短视频3年，播放量达到10几亿，还去杭州培训出了一批编导、制作人。这

个爆款不再是凭借运气做出来的，而是一个内容体系和框架。这个内容体系就是：爆款选题库+内容骨干四要素。

爆款选题库，需要我们或者让小助理，将日常数据不错的选题都收录起来，随时取用，保证选题内容不枯竭，再者，火过的一定会再火一遍。

内容骨干四要素，也就是朱佳航的每一条爆款的文案，都包含了这四个要素：

第一，你的用户是谁

第二，你想对他说什么

第三，你想对他产生什么样的影响

第四，你的对立面是什么

04 克制自己，做老师，赋能更多内容创作者

尽管处于一个充满焦虑、浮躁的时代，短视频商业化越来越浓厚，我依旧能从朱佳航身上看到内容创作者的匠心，对欲望的克制。

她总结了自己的创作经验，开线上线下结合的创作私房课，每期只收30个学员，19800元/人。这段时间正值软广高峰时期，她也放弃接十几万的广告，全力做好学员交付。在她身上我看到了一个内容创作者的匠心，和她的笑容一样，温暖治愈了很多人。

德元：顺人性成事，逆人性成长，从农村90后到周文强一亿粉丝操盘手

德元，原名黄涛。

2014年，德元创办了一家灯饰厂，制造业生意资金周转压力大，持续紧张的现金流更是让他难以入眠。

2016年，抱着提升认知的目的，他报名了周文强的线下讲座。在课程实训环节，他通过"换群"和"提成全返群主"的方式，在一天内卖出50多套课程，拿下当期的销售第二名，被周文强夫人称赞为"浑身上下都是营销细胞"。

后来，德元正式被聘请为周文强的营销顾问，5年间搭建起超过一亿粉丝的自媒体矩阵，迎来事业的第一次腾飞。

2018年11月，德元正式从幕后走向台前，创办涛心营销（"德元营销"的前身），定位为营销学习平台。

在德元身上，厂长看到过很多相似的经历，比如同样从小县城草根到操盘手，比如同样是顶流IP背后的男人，决心走到台前成为IP，成为各自领域年入千万的超级个体。

现在，我想借德元的创业经历，为你讲解一下能成为顶级操盘手，并且成功转型成IP的人有哪些共同点？也会为你揭开周文强爆火的"人性密码"。

01 人性，开启流量宝藏的钥匙

"懂商业、会管理、很理性"是一个优秀操盘手必备的三要素。

"懂商业"是一个最基本的要素，打败对手、养活团队、赢取客户，就是操盘手的重要工作。毕竟对于任何个人或者任何企业而言，"只有销售是利润，其余全部是成本"。

德元的"懂商业"，在以下三件事中充分体现。

第一，玩转内容杠杆，撬动亿级内容红利

德元是怎么做到的？

在线教育早期阶段，几乎所有老师都不愿意将品牌课公开，如果你想听课，只有付费。德元从内容平台的流量扶持中，察觉将有巨大红利，于是劝服周文强力排众议，第一个将课程剪辑成短视频全网公开。

很快，他们就见识到内容杠杆的巨大威力。"线下只能对200人演讲，线上可以一次面对20万人，简简单单地讲了两个小时，竟然在线上直接收款100万+。"

德元还管理着一支300人规模的流量团队，很多直播和课程会被多次剪辑，上架到喜马拉雅等平台辅助课程销售，为他们带来源源不断的收入。

第二，吃透人性需求，引爆公域流量

做流量，就是做人心。

对人性的深谙，让德元在搞流量上无往而不胜。和周文强老师一起策划了"中国梦""科比姓科""秦始皇哭了，只有周老师懂他"等话题，反复剪辑加工发布，同时很多脑洞大开的网友还将其制作成鬼畜视频，带来数以千万计的播放、转发和讨论，周文强矩阵的粉丝总量很快过亿。

第三，内容+裂变+合伙人，实现持续私域增长

在2016年，他们就在私域开发直播间系统，策划类似"微商已死，视商来袭"等吸引眼球的话题，推出"智慧网红"概念，用转发、分享裂变了大量的私域流量。

在抖音、快手等平台爆火后，他们也没有满足于当时的成绩，而是尽可能地通过低价课、卖书等方式，将平台的巨大流量引流到私域，直到现在仍为公司贡献着可观的利润。

02　从幕后操盘手到创业IP，持续聚焦"人性营销"

德元将对人性的理解，用在团队管理和产品迭代延伸上。

德元现在团队中超过80%的员工都是过往学员，因为这部分人对创始人理念和产品的认同感很强，就形成了"对工作更投入—客户体验更好—产品升级率比较高—员工更用心维系客户"的正反馈循环，公司的付费学员数量已超过100万。

在产品迭代延伸上，遇到有潜力的学员时，他会通过投资、入股、合作等方式

达成不同程度的合作。转介绍和口碑裂变，也为他带来了更多的客户。

我的恒星私董会也是一个具备高度延伸属性的圈子产品，一年以来，我先后和多位来自不同行业的私董达成了深度合作，为我们双方都带来了巨大的收入增长。

从操盘手转型IP，帮达人赚钱到帮助学员（私董）获得成功，实现人生价值后，其实不仅仅是德元，我们都感受到从未有过的充实。

在最终定稿前，我曾问过德元："你未来创业的梦想是什么？"

德元回答："我想做一次时间的朋友，做一世财富的主宰。"

德元补充道："人性营销，或许永远不会成为风口。但了解人性、了解人情世故、了解如何营销，却是任何时代下的不变刚需，哪怕未来商业进入到元宇宙时代。"

璐璐：兼职创业到小红书月变现30万+的流量密码

璐璐是一名小红书博主，仅用一年时间涨粉20万+，单月变现30万+，出过20篇以上100万浏览量的作品，带领1000+学员跑通了小红书变现。

值得一提的是，做小红书只是璐璐的副业，但收益已远超主业，属于低投入高产出，还不影响正职工作，算是教科书级的副业案例了。

璐璐是我的恒星私董，因为她做小红书很厉害，所以我还专门邀请她做过一期线上的茶话会，分享如何做小红书，这场分享有100多个私董参加，好评满满。

璐璐的成功路径非常适合普通人去尝试复制，不需要特别专业的设备，也不用招聘大量的员工，一人一手机就能立即启动。当然，虽然不需要投入高成本，但是想做好小红书，做出爆款，还是需要技巧的。

这里厂长就根据璐璐在恒星线上茶话会的分享，并结合她的实际运营方法，为大家揭秘小红书的流量密码。

01　选对账号的运营方向

在小红书上，比较容易出爆款的账号主要有三个大方向：

1.干货经验类：创业经验、学习经验、考研经验、出国经验；

2.归纳整合类：自媒体入门5大网站、新人创业必读10本书单；

3.提升认知类：顶级思维、吸引力法则、搞钱思维。

璐璐早期起号做的就是干货经验类的账号，下面是璐璐曾经的三篇作品。

后面璐璐开始转型，分享自媒体赚钱的干货。比如图片中的第二个视频：副业兼职月入5万的干货经验分享，这篇内容达到了6.1万的点赞，这在小红书中，是非常出色的成绩了。

图4-3　干货经验类

归纳整合类的内容在小红书也非常容易火。

这里我们重点讲一下收藏量。

收藏是小红书上非常看重的一个指标。这种合集类的内容，大家平时在小红书看到可以点进去仔细观察一下，通常都是收藏比点赞还要多。比如说下图的第二个视频，点赞20万，收藏已经22万了，就是因为收藏把热度带起来的。归纳整合类真的非常容易火，不管做任何领域，一定都能找到这个整合的点，只要根据不同的人把标签换一下就好。

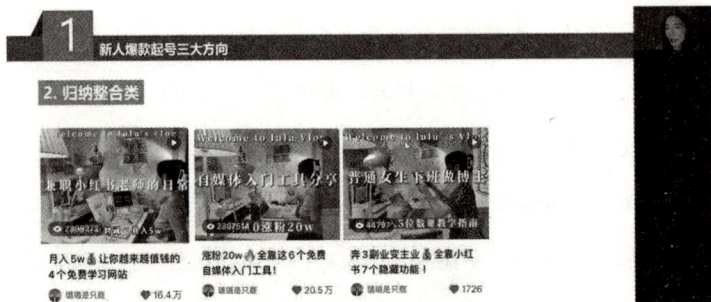

图4-4　归纳整合类

　　这种类目没有任何门槛，所有人都可以做，并且只要好好做，基本都能火起来。

　　第三类账号相对前两类，难度就要高一些了，因为它是提升认知类的。

　　这种认知类的作品，很容易帮IP去塑造个人形象。如果你不知道怎么做，可以把其他博主的文案和框架扒下来，看他们是怎么阐述的，然后换上自己的论点和论据就可以了。所以相对的，提升认知类的内容会比前两种更难更复杂，它对我们的文案能力和思维深度要求会更高。但提升认知类同样也是非常容易爆的内容，小红书女性用户偏多，女生相对感性，这类内容更容易引起他们的共鸣。

图4-5　提升认知类

02 做小红书的一些误区（避坑经验）

璐璐和厂长分享了一个她的观点，就是做小红书，乃至做自媒体，一定要避免"知识的诅咒"。

因为实际上，你知道的未必是所有人都知道的，你觉得是常识但并不一定对别人而言就是常识。哪怕你只有60分，你也是可以影响到60分以下的人。这个点大家一定要记住，如果你能赚到一个比普通人收入更高的薪水，就意味着你身上一定有其他人身上不具备的干货和知识，千万不要以为自己没有干货。

还有一点容易触碰的误区就是：知识的维度太高。

所以璐璐做内容的标准就是九浅一深，九条泛流量，然后加一条做高维度的精准流量。

小红书是被很多人忽略的优秀平台，它没有抖音那么卷，但商业价值却一点也不低，非常适合自媒体创业。

这篇案例和大家分享了璐璐做小红书的成功经验，希望能给到大家启发。

📓 S叔：500万流量大户的超级个体如何做到视频号10天涨粉15万

对内容创作者而言，从2012年往后，也许你抓住了公众号红利、抖音快手的短视频红利，又或许在2020—2022年抓住了视频号红利，这都属于平台型的红利，大多人都是占其中之一二，而有个人把这些红利全部拿下，成绩傲人。

他就是我的私董，S叔，百万粉丝公众号Spenser的创始人，短视频头部玩家，也是个人品牌商业模式专家，还是3本畅销书的作者、得到App的签约导师。

在我首次发布恒星私董会的当天，S叔就立刻加入，后续在我的创始人私域资产的深圳线下大课，S叔还特地分享了自己做内容的独家心得。

S叔曾经抖音一个月涨粉30万，视频号10天涨粉15万，这是什么概念呢？要知道微信视频号2020年推出，我从年中到年末做了大半年，才涨了15万粉丝，同样的成绩，S叔只用了10天，这就是学霸跟学神的差距为此，2022年3月，我跟S叔专门做了一次主题连麦，深入探讨了他能在不同内容平台持续获取千万流量的秘籍心法。

01　从文案写作到海外保险，早早实现年入数百万

最早S叔是一名高中英语老师，拥有优异的托福雅思成绩和扎实的文字功底，却只能每天教学生写120字的作文并反复批改，他受够了这种一眼看到头的生活，便在2014年辞职跑去香港读研。

当时的香港正值保险红利时期，很多内地富豪去香港买保险，促成了行业短暂的红利。而S叔作为人生地不熟的港漂，之所以能把握住那一波保险红利，第一年做香港保险生意，收入就从十万进阶成了两三百万，根本原因在于他之前就在一直深耕微信公众号。

对于内地人买香港保险也都要来香港，S叔和他的公众号就成为他们的唯一渠道。在他写完一篇"大陆和香港为什么会差那么多"相关主题的文章，就有五六个人向S叔咨询，其中一位最后买了5万美元的保险（每年的年费），S叔赚了10万元佣金。

S叔自己做内容搞量这么久，我做公域投放几个亿引流私域成交，我们一个生产优质内容获取流量，一个花钱找投手购买精准流量，可见流量真的不难搞。

千帆过尽，对我们这样的流量大户而言，最重要的，是你后端的商业变现体系、你的产品结构。后端变现非常牛的产品，从来不缺流量。

02　视频号10天涨粉15万背后的流量与变现心法

聊到关于视频号10天涨粉15万，S叔说，做内容做图文、拍短视频的本质，其

实都是你跟用户的交流感以及用户的共鸣感。

这里我想起S叔曾经说过，让人记忆深刻的一句话——表达越私人，用户越共鸣。

提到S叔涨了15万粉的那条视频"多巴胺是最廉价的毒药"，想必大家都刷到过，截至2022年3月，在微信视频号上有2000多万的播放量，很多大V博主也都有类似的洗稿视频，但那都不重要。

因为从选题角度、标题措辞、视频开头、正文、视频节奏、博主情绪、结尾，这一套内容中间有一个环节不对，都可能出不来这种效果。

说到拍视频的技巧，S叔说，大家不要在屏幕前有高冷或者清高感，一定要和屏幕有恋爱感，学会和镜头谈恋爱，因为你谈的不是这个手机和镜头，你谈的是镜头下面看着你的那双眼睛，你看到了他的欲望与期待、迷茫和焦虑。然后你穿透这个屏幕看到他的眼睛，跟他说，我懂你。

也正是因为深谙内容创作与表达，让S叔得以从经常与奢侈品打交道的"顶天立地"的高级感博主，成为粉丝们的朋友和导师，铺天盖地的流量滔滔不绝，同时都能得以有效变现。

2021年上过厂长的线下大课之后，S叔便开始搭建属于自己的S体系产品矩阵，从入门级的流量商业课、线上训练营，到万元线下课，再到数万元的闭门会和私董会，不到一年的时间，已经做过了至少8期线下课，收获上百位私董，变现大几百万。

问起S叔为何能在过去近十年里把握住诸多红利，一手抓流量，一边打造了属于自己的商业变现体系。

他说，做流量让他知道，泛粉没有任何意义，要占领用户心智，而不是注意力。做后端变现，让他意识到，为用户提供更高价值的服务，拉高终身价值才是根本。

厂长非常认同，最好的生意是复购，最好的管理是分钱。

陈晶：公域直播20万场观的清华系超级个体

投资界的高手很多，但会投资又会直播的高手很少，这个人就是陈晶。

我接触到陈晶，就是从她写的一份直播文档开始的，也真的很有缘分，我和陈晶还是老乡，都是江西人。

陈晶是蓝象资本的投资副总裁，拥有5年天使投资经验，毕业于清华大学法律系，同时拿到了中国传媒大学管理学和新闻学双学位，现在在抖音拥有50万商业粉丝。

抖音从去年开始就有越来越多行业专业机构玩家进入，而陈晶正是看到短视频的商业机会，从2021年11月就开始更新视频，2022年春节后就All in到抖音上。很多老板觉得抖音是个机会，但是一直处于观望和内耗中，而陈晶想清楚了就全力去干，只有去干的人才会拿到结果。

投资行业大多以男性为主，都说投资行业不是人干的事儿，女人当男的用，男人当驴来使，而陈晶能在一堆男性中厮杀出来，并且拿到结果，真是位狠人。

我们在2022年9月23日，有过一次视频号连麦，后来陈晶也加入我的恒星私董会中，在私董会群内分享关于商业、关于直播的最新认知和实操干货。

接下来，我会带你拆解分析陈晶的商业主播之路，这对想要切入短视频直播行业的职场高管、创始人，都有非常强的学习借鉴意义。

01 直播间在线从18人到4000人

2021年11月30日，陈晶在抖音更新了第一条作品，而真正All in抖音，是在2022年春节过完年后，三四月份开始直播，直播间从18人在线一直干到现在，第一个月就做到了4000人在线。

而在公域单场突破20万的场观，陈晶也历经了一段"至暗"时刻，为了做起抖音，光MCN团队先后就换了3个，中间还为了换掉不合适的直播团队，赔付了20万解约费。到后来自己做自己的直播操盘手，直播间先后迭代了三个版本。

我发现，陈晶的直播间各方面数据这么好（如场观、在线、转化等），就是在这几个环节上都精细化打磨。

第一，门面

陈晶的门面做得很好，第一天就上OBS（免费的开源的视频录制和视频实时交流软件）推流，大标题"清华陈晶聊商业"第一眼就让大家知道你是谁，你是干什么的，"融资找路、股权避坑、估值计算、商机识别"就是你能帮用户解决的问题，而"进粉丝群领取投资机构名单、创业工具包"就是你给用户提供的价值，并导流到私域，到"连麦条件粉丝团"告诉别人怎么链接你，又做了数据和引导关注。

第二，数据做得好：前10分钟给价值、拉场观、引导关注

开播前直播间是进人最多的时候，这时候观众的停留也会决定算法接下来要不要给你推更多的人，前10分钟精简介绍自己、给价值、和观众多多互动，做数据：引导评论、关注、进粉丝群链接，做一个会做数据的主播。

第三，适合她的直播姿势

我第一次听陈晶的直播，就感觉特别真实、接地气、有温度，为了用户好，敢于说话，不管好的坏的。而有些人会顾虑观众而说假话，直播是一件长期的事情，还是要做自己，愉悦自己的同时，真正给到用户价值，这样才能坚持下去。

第四，"会"复盘，打磨直播框架

我最开始接触到陈晶，就是她写的一份直播文档，写得非常具有实操性。而她曾分享过，每一场都会花时间去复盘直播数据、找到好的点，不断迭代，数据是不会骗人的，这也就是为什么她的场观、在线能一直保持这么高的原因。

02 发现用户真需求：从社群产品到直播陪跑业务

陈晶的主业是做投资、做商业项目，做抖音后也尝试了不同的变现产品，后来

越来越多粉丝想要一个能链接和交流的圈子，于是陈晶就做了晶总创富圈，录播课+直播答疑+社群服务，一年2999元的会员费，现在会员也突破了上千人，营收达到了四五百万。

后来直播做得好，越来越多人问陈晶直播的问题，发现这个用户需求后，陈晶立刻开启了直播陪跑业务，98000元陪跑15天。

有产品做流量是一种方式、有专业能力还没定产品去做流量也是一种方式，但基于能变现的是真正解决了用户的真实需求问题，时刻关注你的用户要什么，才能赚到钱。

总结下来，今天一个普通人想要成为年入千万的超级个体，短视频直播是个很好的通道，直播也成为一个基础能力需求，未来也会有越来越多人通过直播年入千万。

📙 彭芳：从留守儿童到年薪数百万，用"发售"创富的超级个体

她7岁挑起几十斤重物，翻过一座座大山陪爷爷赶集补贴家用，从借了300元路费（最后口袋里仅剩12元）到一步步带领团队，打造了细分类目前三的IP，全网拥有数百万粉丝，从年销几百万到3亿元，从月薪1500元到年薪数百万元后，高处谢幕，裸辞创业。

她说："人生本就是一场修行，希望自己的价值能穿越职场，为这个社会做些实事，帮助更多创业者活得更好。"

彭芳尝试过各种行业，经历过数次成功与失败，最后找到让自己成为超级个体的"发售密码"。

2022年7月，彭芳加入我的恒星私董会。看到她所操盘的一场几百万成交的发售战报，我作为一名同样擅长"私域发售"、连续2年在私域制造刷屏、单日成交数百万的操盘手，今天就结合彭芳的案例，讲解一下如何在私域做一场发售（以下部

分内容，来自我和彭芳在2022年8月20日的一次连麦）。

01 从零起盘的两大支点：帮别人赚钱和教别人赚钱

什么是发售？发售就是用一种策略，在短时间之内去引爆产品的销量。

那怎么才能用发售赚钱呢？彭芳的主打产品是"重交付高客单"的咨询服务，去服务那些有产品但是不懂发售的用户的企业老板和超级个体，他们的焦虑就是"担心卖货转化不高""不会做发售内容"，帮他们操盘做好一次发售，就能让他的利润或销售额翻倍，其中有企业在新冠肺炎疫情期间，月销从230万元到2160万元，仅用了10个月，没增加一分钱广告费，用的就是IP+私域+发售的模式，只收取非常合理的实战咨询费。

她说，比起企业业绩增长，更开心的是看到团队点燃了，带企业主的团队打一场仗，然后把团队的能力培养出来，这就让她在激烈的竞争中建立起了壁垒。

把企业主的团队带起来，这才是客户最大的安全感，这才是彭芳想帮企业的初心。

02 如何做一场私域发售

在私域做发售，是一个所有超级个体和操盘手，在未来都必须要学习好掌握的技能。这也是厂长的拿手好戏。

过去两年，我分别通过《肖厂长：7年3000万私域沉淀，从300好友到公司年入6亿，今天想邀你搞个"大事"！》和《肖厂长：公司从600人降到60人，过去1年，我经历了什么？》完成了两代创富圈产品的发售。

站在做IP整整两年的视角来看，这两封信的营销元素虽然不够充足，但是因为情深意切，引发了很多创业者的巨大共鸣，在创业者的朋友圈里疯狂地转发刷屏，均在发布后24小时就实现了10万+阅读和100万+销量的成就，这就是讲好故事的惊人力量。

03 打造个人IP结构体，才能穿越周期

在和彭芳的那场连麦中，我发现她是一个极其擅长概括总结各种方法论，并且包装成具有强烈个人IP色彩的"知识体系"的人，比如"打造发售产品三大王牌——硬实力、强稀缺性、高情绪价值""提升心力四字法门——信、愿、调、反"。

"行善念，走正道，办实事"，是彭芳坚定的价值观。

在聊到未来规划时，彭芳分享了她的目标，中国有太多创业者不懂发售，过的很辛苦，钱花了还看不到效果，未来想打造"中国智慧的发售天团"，培养一批发售教练，帮助更多企业和超级个体破局，搭建高转化的成交闭环，同时打造团队，建立坚定长久的事业合作关系。

后 记

人生还是一场概率游戏

亲爱的读者，感谢你，一路读到这本书的后记。

人群中，可能只有百分之一的人会买这本书。而买了这本书的人，可能只有百分之五会读到最后。

穿越茫茫人海，我们在这里相遇的概率只有万分之五。

感谢这奇妙的缘分。

01

写完《超级个体》的书稿，已是2022年的冬天。不知不觉，我创业已经8周年。

从前两年开始，我给自己定下一个目标：每年出一本书。从第一本《肖逸群的创业手记》，到第二本《私域资产》，再到这一本《超级个体》。

虽然写书是一项费时费力的工程，在大部分IP都在做短视频、直播的氛围下，我坚持每年腾出大量时间来写书，因为，人生是一场概率游戏。

而在这场概率游戏中，少，就是多；慢，就是快。

02

人生是一场概率游戏，这个微信签名，我用了6年。

乍听这句话，感觉人生仿佛充满了随机性与无力感，你并不能掌控你的人生。

但作为一名连续创业者，我每天都要与随机性做对抗，面对瞬息万变的风险和挑战，找到背后的确定性，然后下重注，All in。

03

创业近十年，我是幸运的。

26岁拿到经纬中国和腾讯的3000万投资，入选"福布斯30岁以下精英榜"，公司年入数亿的90后CEO。这些，是你们看到的光环。

但真实的我，却始于一个让我自卑的起点。

04

2012年，我只是一名银行小职员，做着一份，日复一日，一眼就能望到头的工作。对，我的领导比我大20岁，坐在我隔壁，靠窗的位置。

也曾想向现实妥协，毕竟这是铁饭碗。但这种确定性让我懈怠，并成为我危机感的来源，更让我毅然加入创业热潮。

因为创业的概率游戏更具挑战性，也更振奋人心。哪怕失败，也可以让我成长很多。

这，就是一种确定性。

05

梦想的美好，敌不过残酷的环境。创业后，迎接我的，是6次连续创业失败。

有一次，我们花光了投资人的钱，我解散了团队。然后，大股东把我也解散。他说出那句话时，我冷笑一声，没有太多的告别，直接离开。这种痛，真不好受。

别人笑我屡战屡败，而我却不认输，屡败也要屡战。自己选的路，跪着也要走完。

06

2015年，我创办了星辰教育。当时，高大上的创业者都在做App，但我们All in微信私域，7年时间精耕细作，我从300个微信好友，做到现在3000万的私域资产：轻课、潘多拉英语、极光单词、趣课多……

我们学员的英语打卡链接，一度长期刷屏朋友圈，2020年，我们的所有产品，在私域变现6亿。

我们的对手一年换一个App，而我们，坚定地做微信私域，因为在这场用户争夺的概率游戏里，用户在哪里，我们就要在哪里。

关键认知带来正确的关键决策。

这，也是一种确定性。

07

2020的新冠肺炎疫情，让很多做线下的创业者遭遇重创，不少创业者好友都发不出工资，甚至负债累累。

而短视频直播的快速崛起，IP的强依赖，也给很多公司带来了新挑战。

我意识到，创始人IP是对抗创业风险的最好方式，哪怕一无所有，甚至身陷负债，也依然可以靠IP逆风翻盘。

于是，我从幕后走到台前，打造我自己的创始人IP，这注定不是一次轻松的尝试。

08

我要克服惰性，克服恐惧，克服内心的魔障与外界的嘲笑，一年时间，我做了上百个爆款视频，收获了百万粉丝。

我还推出了我的核心产品，超级个体的高端圈层——恒星私董会，吸引数百名IP创业者加入，一起高效社交相互学习，提升IP势能和产值。

我也跑通了基于我自己IP的，独立商业闭环，小而美的团队，年营收数千万。

现在，我的恒星私董会不断迭代，并且凭借优质运营和持续转介绍，我成功与福布斯环球联盟达成战略合作，共同推出：福布斯环球联盟创新企业家，一个面向中国未来创新企业家的高端圈层。

从幕后到台前非常艰辛，但IP，是可以做一辈子的事情。在不断变化的创业概率游戏里，IP就意味着信任，意味着流量，意味着优势。

这，也是一种确定性。

09

我是肖厂长，星辰教育创始人。

人生，还是一场概率游戏。

真诚地邀请你加入我的核心社群：恒星私董会。

愿你我，在充满随机的奋斗路上，总有"幸运"相伴。

肖厂长

2022年11月26日

想要了解厂长的核心圈层：恒星私董会

可以关注厂长公众号，并发送关键词"私董会"